Gütersloher Taschenbücher / Siebenstern 1077

Abschaffung des Krieges

Beiträge zu einer realistischen Friedenspolitik von Wolf Graf von Baudissin, Günter Brakelmann, Klaus J. Citron, Horst Ehmke, Wilfried Fiedler, Heiner Geißler, Martin Hengel, Carl-Gero von Ilsemann, J. Kurt Klein, Theodor Lorenzmeier, Ulrich de Maizière, Wolfhart Pannenberg, Herwig Pickert, Kurt Sontheimer, Eberhard Stemmler und Werner Steinjan

Herausgegeben von Günter Brakelmann und Eberhard Müller

Gütersloher Verlagshaus
Gerd Mohn

Originalausgabe

CIP-Kurztitelaufnahme der Deutschen Bibliothek

Abschaffung des Krieges: Beitr. zu e. realist. Friedenspolitik / von Wolf Graf von Baudissin ... Hrsg. von Günter Brakelmann u. Eberhard Müller. – Gütersloh: Gütersloher Verlagshaus Mohn, 1983.
(Gütersloher Taschenbücher Siebenstern; 1077)
ISBN 3-579-01077-8

NE: Baudissin, Wolf Graf von [Mitverf.]; Brakelmann, Günter [Hrsg.]; GT

ISBN 3-579-01077-8

Umschlagentwurf: Dieter Rehder, Aachen
Gesamtherstellung: Mohndruck Graphische Betriebe GmbH, Gütersloh
Printed in Germany

Inhalt

Vorwort

In diesem Band haben wir Beiträge vereinigt, die außer dem Einleitungskapitel im Briefdienst des Arbeitskreises »Sicherung des Friedens« erschienen sind. Um Wiederholungen zu vermeiden, wurde ein Teil der Beiträge gekürzt. Das Ganze ist der Versuch, argumentativ und dialogisch an der innerprotestantischen Diskussion um die Sicherung des Friedens teilzunehmen. Wir arbeiten bewußt überparteilich, weil wir der Auffassung sind, daß die Fragen einer sinnvollen Sicherheitspolitik nicht in die Mühlen von kurzfristiger Parteipolitik geraten dürfen. Im einzelnen gibt es unter uns, wie der aufmerksame Leser feststellen wird, Unterschiede in der Wertung des Bestehenden wie in der Entwicklung zukünftiger Entspannungs- und Sicherheitspolitik. Unsere Gemeinsamkeit liegt in dem christlichen Auftrag, jede Form des Krieges zu verhindern. Darin sehen wir unsere moralische und politische Aufgabe.

Gemeinsam ist uns auch die Einschätzung, daß man den Frieden nur sichern kann, wenn man über eine ununterbrochene Kette von Zwischenlösungen politischer, ökonomischer und sozialer Probleme eine Friedensordnung anstrebt, die auf den Prinzipien von Recht und Gerechtigkeit beruht. Auch für uns gibt es keine Möglichkeit, einen atomaren Krieg ethisch und politisch zu legitimieren. Wir meinen, daß es gerade die Aufgabe von Christen ist, sich der Last zu stellen, kurz-, mittel- und langfristige Strategien zur realen Überwindung von möglichen Kriegsursachen zu entwickeln. Nehmen wir diese Aufgabe nicht leidenschaftlich und konsequent wahr, so verlöre in der Tat das bestehende Sicherheitssystem seine politische und moralische Legitimation. Rüstungskontrolle und Abrüstung könnte für uns die Folgen verstärkter politischer, ökonomischer und kultureller Kooperation zwischen den bestehenden politisch-militärischen Blökken sein. Wir halten es für illusionär, zu meinen, daß einseitige Verzichte den Frieden sicherer machen. Uns eint die Überzeugung, daß konsequente Verhandlungen über Rüstungskontrolle und Abrüstung die einzige reale Chance bedeuten, zum allmählichen Abbau der nicht mehr zu verantwortenden Rüstungsausgaben in aller Welt zu kommen. Alles, was diesem Ziel dient, hat unsere Zustimmung. Als Christen in praktischer und politischer Verantwortung haben wir Sorge, daß in unserer Kirche die Diskussion der eigentlichen Sachprobleme zu kurz kommt. Wir hoffen, mit unseren Beiträgen zu helfen, eine umfassendere Friedensdiskussion führen zu können.

Prof. Dr. Günter Brakelmann *D. Dr. Eberhard Müller*

Zur Einführung: Um was es geht – Friedenspolitik als ethisches Problem

von Dr. Günter Brakelmann, Professor für Sozialethik in Bochum

Das Ende der Kriegstheologie

Herausragender Diskussionspunkt des deutschen Protestantismus in beiden deutschen Staaten ist die Friedensfrage geworden. Gemessen an dem, was der deutsche Protestantismus noch in der ersten Hälfte unseres Jahrhunderts an »Kriegstheologien« hervorgebracht hat, dürfte hier ein *epochaler Wandel in der Themenstellung und im konkreten Engagement* eingetreten sein. Man müht sich auf den verschiedensten Ebenen um eine vor den Texten des Alten und Neuen Testamentes verantwortbare »Theologie des Friedens« und um eine ihr entsprechende Friedenspraxis der Kirche und ihrer Christen. Mit dieser Bemühung verbunden sind kritische Anfragen an die geltende Politik der Friedenssicherung durch Staaten und Bündnissysteme.
Es wird gefragt:

- Ist es sinnvoll, immer mehr und bessere konventionelle wie atomare Waffensysteme zu entwickeln?
- Wird die sog. »Sicherheit« von Staaten und Gesellschaften dadurch wirklich erhöht?
- Ist es sinnvoll, sich selbst zu verteidigen mit der möglichen Konsequenz der Selbstvernichtung durch eigene oder fremde Massenvernichtungsmittel?
- Eröffnen diese Waffen wirklich eine Chance, um vor dem großen atomaren Schlagabtausch noch ein politisches Arrangement zu finden?
- Verschlingen nicht die astronomisch steigenden Ausgaben für Rüstung in der ganzen Welt die notwendigen Gelder für andere ökonomische, soziale und kulturelle Aufgaben?
- Atomwaffen sollen politische Waffen sein zur Verhinderung eines Krieges; sind sie nicht im technischen Wandel immer mehr sog. »Kriegsführungswaffen« geworden?

Angesichts all dieser Fragen muß man zunächst offen konstatieren: Wir befinden uns in einer tiefen politischen und moralischen Krise, was die Sicherheitspolitik auf dem Fundament der atomaren Abschreckung betrifft. Immer mehr entstehen Zweifel, ob eine Politik, in der die Sicherheit als eine Sicherheit voreinander und gegeneinander verstanden wird, nicht zu immer neuen Aufrüstungsschüben führt. Jede Seite interpretiert ihr Gleichgewichtsinteresse anders. Jedenfalls habe – so wird argumentiert – die Politik, die auf dem alleinigen Fundament des »Gleichgewichts des Schreckens« beruht, nicht verhindern können, daß durch die Entwicklung neuer Waffensysteme eine neue Phase der Aufrüstung begonnen hat. Jede Seite hält ihre Aufrüstung für notwendig, um das gestörte Gleichgewicht wiederherzustellen.
Man fragt: Wie soll dieser Mechanismus von Rüstung und Nachrüstung eigentlich aufgehoben, zumindest aber verlangsamt oder angehalten werden? Kann man im Hinblick auf die letzten Jahrzehnte überhaupt noch darauf vertrauen, daß die Weltmächte aus der Logik ihrer bisherigen Theorien und Praktiken herauskommen?
Solche moralischen und politischen Anfragen kommen nicht nur aus dem Bereich der »Friedensbewegung« im engeren Sinn. Man kann sie nicht einfach beiseite schieben, sondern muß sich ihnen intelektuell, moralisch und auch theologisch-ethisch stellen, und zwar nicht in der Pose dessen, der es besser weiß und nun zu großen Belehrungen anhebt, sondern in der Haltung dessen, der unter der gegebenen Situation genauso leidet und mit »Furcht und Zittern« versucht, das bestehende Dilemma aufzuzeigen und seine Lösung zu erörtern. Wichtig ist darum, zunächst festzustellen, worin man übereinstimmt.

Das Nein der Kirchen zum Krieg

Mit der EKD-Denkschrift sei gesagt:

- »Frieden zu wahren, zu fordern und zu erneuern, ist die von Christen geforderte Antwort auf den Frieden, den Gott in Jesus Christus verheißen hat.«
- Die Arbeit für den Frieden ist für den Christen eine Gewissensverpflichtung.

- Auf das Evangelium des Friedens antwortet der Glaubende mit Taten des Friedens.
- Vom Glauben her weiß der handelnde Christ, daß der Friede Gottes und der durch Menschen hergestellte Frieden nie identisch sein können.
- Aus dem Glauben an das kommende Friedensreich Gottes ergibt sich die Verpflichtung, sich jetzt schon für mehr zeitlichen Frieden unter den Menschen einzusetzen.
- Krieg soll nach Gottes Willen nicht sein. Daraus ergibt sich die Aufgabe, solche politischen Verhältnisse zu schaffen, die eines Krieges nicht mehr bedürfen. Frieden ist also nicht nur eine Gesinnungsfrage, sondern zugleich eine politische Gestaltungsaufgabe.
- Ein Krieg mit modernen Massenvernichtungsmitteln kann zur Zerstörung der Schöpfung Gottes führen. Er wäre darum vor Gott, aber auch vor den Menschen, die ein Recht auf Leben in Frieden haben, eine radikale Schuld. Für einen atomar geführten Krieg gibt es schlechterdings keine moralische, geschweige denn, theologisch-ethische Rechtfertigung.

Es besteht also Einmütigkeit darüber, daß Menschen verpflichtet sind, alles, was ihnen überhaupt möglich ist, zu tun, um einen Krieg - insbesondere einen Krieg mit Massenvernichtungsmitteln – zu verhindern. Hier beginnt nun die große Streitfrage: Würde der einseitige Verzicht von atomarer Bewaffnung deren Einsatz verhindern oder nur für eine Seite gefahrloser und darum wahrscheinlicher machen? Im Hinblick auf diese Frage wurde sowohl in den sog. »Heidelberger Thesen« von 1959 wie in der EKD-Denkschrift von 1981 der Besitz von Atomwaffen als eine noch mögliche Form der Friedenssicherung gewertet. In der Denkschrift heißt es:

»Die Kirche muß auch heute, zweiundzwanzig Jahre nach den ›Heidelberger Thesen‹, die Beteiligung am Versuch, einen Frieden in Freiheit durch Atomwaffen zu sichern, weiterhin als eine für Christen noch mögliche Handlungsweise anerkennen. Deshalb hat die Kirche Achtung und Verständnis für diejenigen, die in der Bundeswehr Dienst leisten. Allein, diese Handlungsweise ist nur in einem Rahmen ethisch vertretbar, in welchem alle politischen Anstrengungen darauf gerichtet sind, Kriegsursachen zu verringern, Möglichkeiten gewaltfreier Konfliktbewältigung auszubauen und wirksame Schritte zur Senkung des Rüstungsniveaus zu unternehmen.«

Die Zustimmung zur Friedenssicherung mit Atomwaffen war also nie eine unbedingte, sondern stand immer unter dem Vorbehalt, die Situation des relativen »Gleichgewichts des Schreckens« auch politisch konsequent zu nutzen, um gewaltfreie Konfliktlösungen einzuüben und um zu Rüstungsbegrenzungen und ersten Abrüstungsschritten zu kommen.

Die Gültigkeit dieser Konstruktion wird nun immer mehr in Frage gestellt. So hat das Moderamen des Reformierten Bundes in seiner Erklärung »Das Bekenntnis zu Jesus Christus und die Friedensverantwortung der Kirche« eine radikal andere Position bezogen. Ich zitiere einige der Hauptaussagen:

»Angesichts der Abstumpfung und Gewöhnung vieler Menschen an das Leben am atomaren Abgrund *ist die Friedensfrage zur Bekenntnisfrage geworden.* Wie im Kirchenkampf die ›Judenfrage‹ zur Bekenntnisfrage wurde, so stellt uns heute das Gebot des Bekennens in der Frage des Friedens und seiner Bedrohung durch die Massenvernichtungsmittel in den *status confessionis.«*

Es geht also um Bekenntnis oder Verleugnung des Glaubens. Und an weiterer Stelle heißt es:

»Mit dem Bekenntnis zu Gott dem Schöpfer, Versöhner und Erlöser der Welt ist die *Entwicklung, Bereitstellung* und *Anwendung* von Massenvernichtungsmitteln schlechterdings unvereinbar ... *Christen können unter keinen Umständen damit einverstanden sein, daß solche Mittel eingesetzt werden. Und sie können ebensowenig ihre Zustimmung dazu geben, daß solche Mittel als angeblich ›politische Waffen‹ hergestellt und bereitgehalten werden, um mit ihnen zu drohnen, ›abzuschrecken‹ und sie ins politische Kalkül einzubeziehen. Glaubwürdig drohen und abschrecken kann nur, wer auch wirklich die Bereitschaft aufbringt, im Ernstfall Ernst zu machen.* Ohne die Entschlossenheit zum Einsatz der Massenvernichtungsmittel fehlt es an der Wirkung der Abschreckung. Diese Entschlossenheit, die politisch proklamiert und militärisch glaubwürdig bekundet wird, ist aber faktisch eine Entschlossenheit zur Vernichtung der Schöpfung Gottes. *Es gibt jedoch schlechterdings keinen Wert, und sei er noch so hoch, der um den Preis der Vernichtung der Schöpfung ›verteidigt‹ werden dürfte ... Mithin ist schon die Entwicklung, Herstellung und Bereithaltung dieser ›Waffen‹ als die Ermöglichung ihrer Anwendung Sünde und offenkundige Verneinung des seiner Schöpfung treuen und dem Menschen gnädigen Gottes.«*

Will man nun in wenigen Punkten einige Fragen an diese Position formulieren, so darf das nicht das große Ketzergericht einleiten. Es geht um den notwendigen Dialog. Wenn man nicht aneinander vorbeireden will, müssen dabei auch die politischen Realitäten bedacht werden. Auch wo diese nur beiläufig erwähnt oder unausgesprochen wie selbstverständlich vorausgesetzt werden, tragen sie ja weithin das Ganze. Darum fragen wir: Kann jemand sachgemäß zu der Außenpolitik unserer Republik Stellung nehmen, ohne sich mit ihren Zielen zu beschäftigen oder diese überhaupt zu erwähnen?

Der deutsche Bundeskanzler hat in seiner Rede vom 14. Juni 1982 – noch einmal vor der Sondergeneralversammlung der Vereinten Nationen für Abrüstung – diese Ziele zusammengefaßt. Sie lauten: »Sicherheitspolitik als Teil einer weltweiten Friedenspolitik«, »stabiles Gleichgewicht zwischen Ost und West durch Verträge«, »Vertragspartnerschaft«, »Dialog und Vertrauen«, »Gewaltverzicht«, »nukleare Abrüstung«, »Vertrauensbildung«, »Offenheit«, »Durchsichtigkeit und Berechenbarkeit«. Alle diese für eine Friedenspolitik wichtigen Gesichtspunkte kommen in der reformierten Erklärung überhaupt nicht vor. Man sucht vergeblich nach einer halbwegs umfassenden richtigen politischen Gesamtanalyse. Die Außenpolitik der Bundesrepublik und ihre bisherigen Beiträge für die Erhaltung des Friedens werden weder thematisiert noch auch nur in Ansätzen gewürdigt. Die Möglichkeiten und Schwierigkeiten solcher Politik an der Nahtstelle zwischen Ost und West werden überhaupt nicht problematisiert. Das ganze Interesse konzentriert sich auf den Besitz und die mögliche Anwendung von Massenvernichtungsmitteln. Man darf doch wohl fragen, ob nicht dieses Fehlen einer geschichtlichen und politologischen Gesamtanalyse auch die Verfehlung der eigentlichen ethischen Problemstellungen nach sich zieht. Jedenfalls wird der verantwortlich handelnde Politiker für seine konkreten Entscheidungen hier kaum Hilfe finden.

Dies wird besonders deutlich an der fehlenden Unterscheidung zwischen der Herstellung, Bereithaltung und der Anwendung von Atomwaffen. Alle drei Formen sollen »Sünde« sein gegen »Glaube und Gehorsam«. In Wirklichkeit ist die Situation dadurch gekennzeichnet, daß die Frage der Herstellung überhaupt nicht mehr zur Debatte steht. Diese Waffen sind da und werden auf absehbare Zeit auch dasein. Man wird mit ihnen leben müssen. Sie werden als politische Waffen weiterhin ihre weltgeschichtliche Rolle spielen. Ihre Bereithaltung hatte für unsere Breiten immer den Zweck, jedem potentiellen politischen Gegner klarzumachen, daß ein militärischer Angriff riskant ist. Wo der Krieg als Mittel der Politik in Erwägung

gezogen wird, sollte die Möglichkeit der eigenen Vernichtung vor Augen geführt werden. Der eigene Überlebenswille soll einem möglichen Expansionswillen eine Grenze setzen. Wir fragen: Hat uns nicht dieser Zusammenhang – der selbstverständlich wechselseitig gilt – hier, an der Nahtstelle des Ost-West-Konfliktes, bislang die Abwesenheit von Krieg ermöglicht? Ist dies für einen Christen irrelevant?
Man wird zugeben müssen, daß es kein guter Friede zwischen Staaten und Bündnissystemen ist, wenn er langfristig auf dem Fundament angedrohter gegenseitiger Vernichtung beruht. Aber muß man nicht auch zugeben, daß dadurch politisch die Schwelle zum großen Krieg hochgehalten wurde? Insofern hat dieses System bislang kriegsverhütend gewirkt. Es hat damit einen wichtigen und guten Zweck erfüllt. Ein in der Anwendung grausames und nicht zu verantwortendes Mittel hat relativen Frieden für eine bestimmte Zeit ermöglicht. Es ist doch diese Janusgesichtigkeit, diese Dialektik, die zu reflektieren wäre. Niemand behauptet, daß diese Form der relativen Friedenssicherung für alle Zeiten gelten kann. *Es ist gerade die politische Aufgabe, diesen Frieden durch Formen der Kooperationen auf allen nur denkbaren Gebieten, durch den Ausbau von Partnerschaft auf ökonomischen, sozialen und kulturellen Ebenen zu vertiefen, d.h., ihn dadurch politisch sicherer zu machen. Natürlich kann die atomare Abschreckung nur gerechtfertigt werden, wenn dieser politische Wille auch durch Schwierigkeiten hindurch entwickelt wird, wenn die Konfrontation zugunsten von Kooperation und vertraglich gesicherter Partnerschaft abgebaut wird.*

Was macht den Frieden sicherer?

Wer nun diesem Konzept von Sicherheits- und Friedenspolitik den Abschied geben will, wer schon die Bereithaltung atomarer Waffen als politischer Defensivwaffen für ein »Verleugnen des Evangeliums« hält, *hätte doch seinerseits die Last des Beweises, wie und mit welchen Mitteln er die politische Sicherheit und Integrität dieser Republik gewährleisten möchte.*
Natürlich gibt es die Möglichkeit, über sog. alternative Verteidigungsmöglichkeiten nachzudenken und zu diskutieren, nur *müßte am Ende eine ähnliche Gewähr für die weitere Abwesenheit von Krieg stehen wie bislang. Und man müßte erweisen können, daß der Frieden in Europa si-*

cherer wäre ohne Atomwaffen. Wer seinen Regierungen einseitige Abrüstung empfiehlt und den Verzicht auf atomare Waffen als Willen Gottes verkündigt, müßte zudem *gefragt werden, ob er die möglichen politischen Folgen solcher Schritte eigentlich verantworten kann.*

Wer eine andere Sicherheitspolitik empfiehlt, muß die Gewähr dafür bieten, daß die innere Verfaßtheit der Bundesrepublik Deutschland, die nicht zur beliebigen Disposition gestellt werden kann, nicht beschädigt oder gar durch die Machtentscheidung anderer aufgehoben wird. Man sollte nicht immer nur fragen, *wie* geschützt wird, sondern gleichzeitig auch, *was* geschützt werden soll. *Man trifft eben nicht die volle Wirklichkeit, wenn man das Friedensproblem vom Freiheitsproblem abkoppelt.*

Begibt sich ein Staat, der seine Freiheit in der »Garderobe einer atomaren Supermacht« abgibt, nicht auch der Mitverantwortung für die Verhinderung eines Krieges? Besteht nach aller geschichtlichen Erfahrungen nicht die Gefahr, daß er sogar zu einer Beteiligung an kriegerischen Unternehmungen von der Supermacht gezwungen wird, ohne daß seiner jungen Mannschaft ein Recht auf Kriegsdienstverweigerung zusteht? Was soll unter diesen Umständen der Satz in der reformierten Erklärung, der lautet: »Es gibt jedoch schlechterdings keinen Wert, und sei er noch so hoch, der um den Preis der Vernichtung der Schöpfung verteidigt werden dürfte?« Ist das Recht, überhaupt an politischen Entscheidungen mitzuwirken kein solcher Wert? Dieses Recht auf politische Mitentscheidung stellt doch den Kern unserer Freiheitsrechte dar. Darf eine verantwortliche Politik eben die Fähigkeit zur Verantwortung widerstandslos zur Disposition stellen?

Unsere bisherige Sicherheitspolitik war in ihrer Grundtextur so angelegt, daß sie beides zum Ziel hatte: Frieden und Freiheit zu erhalten. Ist nicht dies auch die Aufgabe einer zukünftigen Politik? Niemand kann uns um des Friedens Willen die Unfreiheit als Gemeinwesen zumuten. Aber auch niemand kann uns um der Freiheit willen zumuten, mit dem Frieden verantwortungslos umzugehen. Das politische und damit auch das ethische Problem besteht darin, beides in einer nicht aufhebenden dialektischen Verschränkung zu halten. Freiheit, Menschenrechte und Demokratie dürfen nicht zu Adiaphora gemacht werden. Es ist das Mandat der Politik, Leben als menschenwürdiges Leben zu erhalten.

Die Frage nach den Feindbildern

Viele behaupten, es seien »ideologische Feindbilder«, mit denen eine bislang ungebändigte Aufrüstung begründet wird. Keiner wird verkennen, daß es einen unreflektierten Antikommunismus und einen Russenhaß unter uns gibt. *Aber daß dies die Begründung für unsere Sicherheitspolitik gewesen sein soll, dürfte man historisch-kritisch kaum erweisen können.* Die Gründe für die Installierung des NATO-Verteidigungsbündnisses waren und sind politischer, nicht primär ideologischer Natur. Es sollte damals das weitere Ausgreifen des stalinistischen Imperialismus verhindert werden. Und daß es heute noch dieses Bündnis gibt, hat seinen Grund vornehmlich in der *politischen Abwehr der Interessen einer Weltmacht, die sich selbst als Zentrum einer politischen und weltanschaulichen Ideologie versteht.*

Ist es nicht ein Zeichen bedenklichen Realitätsverlustes, wenn in theologisch-ethischen Schriften, die sich mit politischen Fragen befassen, diese Probleme nicht ernsthaft thematisiert werden? Darf der Marxismus-Leninismus der Sowjetunion, die imperiale Unterdrückungspolitik dieses Staates (selbst gegenüber den eigenen Verbündeten), aus der ethisch-politischen Reflexion einfach ausgeklammert werden? Selbstverständlich ist es richtig, daß Christen ihr Handeln nicht an primitiv-emotionalen Feindbildern orientieren dürfen; selbstverständlich ist es richtig, daß Christen auch im politischen Gegner den Menschen sehen und jederzeit mit ihm in klare Rechtsverträge eintreten, wenn der Frieden dadurch sicherer wird. *Aber die sog. »Feindesliebe« kann im politischen Bereich doch nicht heißen, sich vor einem Gegner schwach zu machen, der nach eigenem Selbstverständnis die politische Durchsetzung seines Systems erreichen will.* Was ist das eigentlich für eine Ethik, die dies zu ihren Folgen haben könnte? *Verantwortungsethik jedenfalls ist es nicht.*

Ich meinerseits vermag keinen Grund zu sehen, daß eine im Ansatz defensive Sicherheitspolitik gegenüber einem politisch-ideologischen Gegner einer christlich verstandenen politischen Verantwortung entgegensteht. Gewiß ist der Friede mit diesem Gegner lebensnotwendig für uns. Darum müssen wir mit Leidenschaft und Konsequenz alles unterstützen, was zu besseren Kommunikations- und Kooperationsformen mit ihm beiträgt – *aber dies nach den Prinzipien vereinbarter Partnerschaft, nicht zum Preis eines von ihm diktierten »Friedens«.*

Vom Nichtkrieg zur Partnerschaft

Die politische Verantwortung gebietet es, in immer neuen Anläufen die politischen Ursachen zu überwinden, die zum Aufbau des bisherigen Drohsystems geführt haben. Dann können Waffen ihre bisherige Funktion verlieren. Diese Waffen sind doch nicht die Ursache des Dilemmas, in dem wir stehen. Der Unfriede in dieser Welt hat ökonomische, soziale und politische Gründe, vermischt mit ideologischen Elementen. *Wer mehr konkreten Frieden will, muß sich der kontinuierlichen Bekämpfung dieser politökonomischen Kriegsursachen zuwenden.* Jedenfalls ist es eine Illusion, zu meinen, daß weniger Waffen oder andere Waffen den Frieden automatisch sicherer machten. Die wohl noch notwendige Bereithaltung von Atomwaffen als politischer Waffen wird in dem Maße überflüssig werden, wie das Bündel der politischen und ökonomischen Konfliktstoffe auf dieser Welt Zug um Zug durch eine zielgerichtete Politik reduziert und minimalisiert wird. Eine andere realistische Chance vermag ich vorläufig nicht zu sehen.

Dieser Weg allerdings – und das muß auch gesagt sein – wird ein harter, konfliktreicher sein. *Deshalb sollte man besser vom Frieden als von einem permanenten politischen Leistungsprozeß sprechen – mit dem Ziel, mögliche Kriegsursachen zu verringern. Ein Reich des Friedens wird diese Welt nie werden, aber mehr Konfliktregulierung ohne Krieg – und vor allem ohne den großen Krieg – dürfte eine Erwartung sein, die über unendlich viele Zwischenschritte eingelöst werden kann.*

Der Tag X darf nicht eintreten. Man hält ihn aber nicht auf, indem man zu einseitigen Schritten der eigenen atomaren Entblößung rät.

Wider die Dogmatisierung politischer Entscheidungen

Gibt es einen anderen Weg, Frieden und Freiheit zugleich anwesend zu halten, als den Weg vereinbarter Sicherheit durch vertraglich festgeschriebenes militärisches Gleichgewicht auf niedrigerem Niveau? Ist dies nicht eine Voraussetzung, die vielfältigen Konfliktursachen, die bleiben, gewaltfrei politisch zu lösen?

Wir vermögen nicht einzusehen, daß dieser politische Grundansatz mit dem Ziel, eine Welt mit weniger Ungerechtigkeit und Unfreiheit zu verwirklichen, keine christlich verantwortbare Position mehr sein soll.

Wenn nun aber gesagt wird, daß dieser Ansatz wegen seiner noch notwendigen Bereithaltung von Atomwaffen gegen »Glauben und Gehorsam«, ein »Verleugnen des Evangeliums« sei, *wie soll man sich dann verhalten?* Was soll man antworten, wenn nur *ein* Weg der Friedenssicherung zum theologisch und ethisch legitimen Weg erklärt wird? Es wäre dagegen zu fragen: *Wollen wir wieder für die eigene Entscheidung den angeblich klaren »Geschichtswillen Gottes« in Anspruch nehmen, wie es im Widerspruch zu dem »Barmer Bekenntnis« immer wieder geschehen ist?*

Wir gehen davon aus, daß die politischen Methoden, ein humanes Ziel zu erreichen, nicht dogmatisiert werden können. Was aber zu tun ist, ist dieses: mit dem vom christlichen Glauben und seinen ethischen Kriterien geschärften Gewissen das schwere Geschäft politischer Verantwortung mitzutragen. Dies heißt: sich den vielfältigen Sachproblemen zu stellen und dann nach bestem Wissen und Gewissen eine verantwortbare Entscheidung zu fällen. Das führt nicht in die dogmatische Sicherheit der eigenen Position, läßt aber die Last des politischen Tagesgeschäfts aushalten.

I. Bedrohter Friede

1. Die Notwendigkeit einer Verteidigungspolitik

von Bundesminister Dr. Heiner Geißler, Generalsekretär der CDU

Die Spannungen zwischen Ost und West sind nicht darin begründet, daß die Russen 300 Raketen mehr haben - darauf muß eine militärtechnische Antwort gegeben werden -, sondern sie sind begründet in der *Unvereinbartkeit von Freiheit und Diktatur.* Dies ist - glaube ich - wichtig zu betonen, weil ich den Eindruck habe, daß ganz einfache Wahrheiten aus der öffentlichen Diskussion mehr und mehr verdrängt werden. Das Ethos der Demokratie ist die Grundlage der Verteidigung. Im 1. Artikel unseres Grundgesetzes steht: »Die Würde des Menschen ist unantastbar, sie zu achten und zu schützen ist Verpflichtung aller staatlichen Gewalt.« Es ist klar, daß die Aufgabe des Staates, diesen Schutz auszuüben, natürlich nicht nur nach innen gedacht werden kann, sondern daß diese Aufgabe auch nach außen gerichtet ist. Die friedenstiftende Funktion des Staates muß unbestritten bleiben. Es gehört zu den Aufgaben christlicher Nächstenliebe, Menschen vor unrechter Gewalt zu schützen. Dies gilt nach innen wie nach außen.

Die Frage, warum der Friede in den vergangenen 30 Jahren in Europa erhalten werden konnte - ob durch die Abschreckungswirkung der atlantischen Allianz, oder ob die Sowjetunion in der Tat gar keinen Krieg führen wollte -, kann mit letzter Gewißheit wahrscheinlich nicht beantwortet werden. Um so wichtiger ist die Erkenntnis der schrecklichen Risiken, denen wir uns angesichts der militärtechnischen Situation, in der wir uns befinden, gegenüber sehen. Auf jeden Fall scheint mir festzustehen, daß die Sowjetunion sich nicht durch die Bundeswehr oder durch die Truppen der NATO bedroht fühlen kann. Die NATO kann von ihrem Vertragsinhalt wie von ihrer ganzen militärischen Planung her keinen Angriffskrieg führen. Auch von ihrer Logistik her ist die NATO unfähig, einen Angriffskrieg zu führen.

Eine ganz andere Frage ist, wie der Wille der Sowjetunion zum Frieden zu beurteilen ist. Auch wenn sich die Sowjetunion durch die Bundeswehr oder die militärische Präsenz der NATO nicht angegriffen oder bedroht fühlt, fühlt sich die politische Führung der Sowjetunion durch die Existenz freiheitlicher Staaten und freiheitlicher Gesellschaftsordnungen unmittelbar an der Grenze ihres Machtbereiches bedroht. Von daher mag das übersteigerte Sicherheitsbedürfnis der Sowjetunion herrühren, das zu militärischer Überreaktion und auch Überrüstung in der Sowjetunion selber führt. Es soll politischer Gegendruck erzeugt werden. Clausewitz hat schon vor langer Zeit gesagt, Schuld am Kriege sei eigentlich nur der Verteidiger. Der Angreifer ziehe es immer vor, seine Eroberung friedlich zu machen. Dies ist richtig. Die Sowjetunion hat dies in der Vergangenheit auch so praktiziert. Sie will ihre politischen Ziele, die sich mit unseren politischen Idealen nicht vereinbaren lassen, nach Möglichkeit ohne Krieg durchsetzen. Sie hat das auch getan, wo immer dies möglich war. Durch gewaltfreien Widerstand oder demonstrative Bereitschaft zur Schwäche wurde das nirgendwo verhindert. Dies als Alternative zu unserer Sicherheitspolitik zu empfehlen, erscheint mir fast zynisch angesichts der Schicksale und der Leiden der Menschen etwa in Afghanistan oder in Polen.

Die Strategie der Abschreckung will im Frieden durch eine angemessene Kombination von moralischer Entschlossenheit und militärischer Fähigkeit den militärischen Konflikt – also schon den Verteidigungsfall – verhindern. Das ist die moralische Grundlage unserer Konzeption.

Jeden Verantwortlichen bedrückt es dabei, daß zum militärischen Instrumentarium heute auch furchterregende Massenvernichtungswaffen gehören. Seit 30 Jahren leben wir mit der Paradoxie der Kernwaffen, die ein Fluch und ein Segen zugleich wurden. Ein Fluch wegen ihrer entsetzlichen Wirkungen im Falle eines Einsatzes – ein Segen, weil alle Kernwaffenstaaten ihren Einsatz fürchten. Dabei scheut Moskau aber nicht den politisch offensiven Einsatz regionaler militärischer Übermacht unterhalb der Kriegsschwelle. Die Sowjetunion achtet heute mehr auf von Clausewitz als auf Marx. Militärmacht und Abrüstungsdiplomatie sind für sie nicht Selbstzwecke, sondern Instrumente politischer Dynamik. Ein unersättlicher und deshalb letztendlich expansiver Sicherheitsbegriff einerseits und eine weltrevolutionäre Zielvorstellung ergänzen sich gegenseitig. Diese politische Strategie lag schon in den siebziger Jahren offen zutage.

Das Interesse der Sowjetunion an der »Friedensbewegung«

Wer die politisch expansive Natur der sowjetischen Strategie leugnet, kommt selbstverständlich zu anderen Ergebnissen als zu der Nachrüstungsentscheidung der NATO vom 12.12.1979. Die verschiedene Einschätzung der sowjetischen Strategie ist meines Erachtens auch der tiefere Grund für das derzeitige Auseinanderdriften der Stimmungslage bezüglich der Bündnisentscheidung zugunsten der Abschreckungswaffen. Angesichts der sowjetischen Herausforderung durch die Aufstellung der Mittelstreckenraketen SS-20, die in letzter Konsequenz alle Bündnispartner gleichermaßen bedroht, waren drei Faktoren die Grundlage für den »NATO-Doppelbeschluß«:

- die Einheit des Nordatlantischen Bündnisterritoriums;
- die Unteilbarkeit der Sicherheit der Bündnisgemeinschaft;
- die Koppelung der amerikanisch-europäischen Risikobelastung, in der die Mitwirkung aller Verbündeten an den Chancen und Risiken der gemeinsamen Strategie sichtbar gemacht werden mußte.

Die europäischen NATO-Staaten sind sich einig, daß ihre Sicherheit von der Garantie der USA abhängt, Europa notfalls mit Kernwaffen zu verteidigen. Die Sowjetunion ging jahrzehntelang von der Glaubwürdigkeit dieser Garantie und vom Vertrauen in diese Garantie aus: Nun sucht die Sowjetunion Zweifel der Europäer, vor allem der Deutschen, in diese amerikanische Garantie und in die fundamentale europäisch-amerikanische Interessenidentität zu wecken, und dies ist auch die Begründung für das große politische Interesse, das die Sowjetunion an der sog. »Friedensbewegung« hat, die ja exakt diese Fragen problematisiert.

Sicherheitspolitik ist ein wichtiger Punkt der Außenpolitik, aber nicht der einzige. Die Sicherheitspolitik ist lediglich Voraussetzung für eine wirkliche Friedenspolitik, aber nicht ihr Ersatz. Das gilt natürlich auch umgekehrt: »opus justitiae pax«, *der Friede ist das Werk der Gerechtigkeit.* Friede ist das Ergebnis der Verwirklichung der Grundwerte bei uns und in der Welt. Frieden ist nur dort möglich, wo die Menschen- und Freiheitsrechte beachtet werden. Frieden ohne Freiheit ist nur ein Scheinfrieden. Ohne Freiheit ist kein politischer Einsatz für Menschenrechte möglich. Das Eintreten für Menschen, deren Rechte unterdrückt und verletzt werden, gehört zur Friedenspolitik. Wer aber den internationalen Frieden dauerhaft sichern will, muß auch die internationale soziale Frage lösen.

Diese Friedenspolitik muß aufbauen, auf der Sicherheitspolitik, die wir durch die Abschreckungsstrategie garantieren wollen. Wir muten jungen Menschen viel zu, wenn wir sie von den Paradoxien unseres militärstrategischen Denkens überzeugen wollen. Gibt es dazu heute eine Alternative? Ich sehe in der konkreten Situation als Politiker, als Mitglied der Bundesregierung, keine Alternative. Aber dies kann nicht unser letztes Wort zur Außen- und Sicherheitspolitik sein. Die Perspektiven müssen darüber hinausgehen, zeitlich, indem sie sich nicht mit einer hochgerüsteten Welt abfinden, und räumlich, indem sie auch jene Millionen von Menschen umfassen, die im Schatten unserer Entwicklung hungern, leiden und sterben. Der Status quo ist nur in dem Maße erträglich, indem man alle Kraft aufbietet, ihn zu überwinden.

Wir haben in der Hamburger Erklärung auf dem Bundesparteitag der CDU 1981 gesagt: Das wichtigste aktuelle außenpolitische Ziel ist die allseitige Begrenzung und Verringerung der Rüstungen und ihr Gleichgewicht auf einem möglichst niedrigen Niveau unter Voraussetzung unverminderter Sicherheit.

Friedensstrategie: nur zusammen mit der Sowjetunion

Eine solche Friedensstrategie kann nur zusammen mit der Sowjetunion durchgesetzt werden. Der Doppelbeschluß der NATO ist in diesem Sinne als Fahrplan zu verstehen, als Strategie zur Abrüstung. Zum ersten Male ist ein neues Waffensystem, über das die Gegenseite verfügt, nicht einfach eingeführt worden. Seine Einführung ist an den Ausgang von Verhandlungen gebunden worden. Wenn der »NATO-Doppelbeschluß« so realisiert wird, wie die NATO es will, dann wird es am Ende der Verhandlungen in Europa nicht mehr Raketen geben, sondern weniger. Eine ethische Grundlegung unserer Außenpolitik ist eben nur dann möglich, wenn wir Verteidigung durch militärische Abschreckung als einen notwendigen, nicht aber hinreichenden Bestandteil unserer Außen- und Sicherheitspolitik begreifen.

Ich fasse zusammen: Sicherheitspolitik und Friedenspolitik sind die beiden Säulen unserer Außenpolitik. Der Weg zu einer gerechteren, friedlicheren Welt ist lang und beschwerlich. Die Versuchung ist groß, angesichts dieses langen und beschwerlichen Weges auszusteigen, auszusteigen in den Pazifismus oder in die Aufrüstung. Beides sind Fluchtwege. Es sind keine Auswege. Das möchte ich an die Adresse vieler sagen, die für den Frieden in einer Bewegung eintreten, deren politische Zielsetzung wir für irreal halten. Das Gleichgewicht der Kräfte verhindert den Ausbruch eines Krieges, aber dieses Gleichgewicht ermöglicht uns zunächst einmal einen negativen Frieden. So gewinnen wir die Zeit, an dem Aufbau einer besseren Welt zu arbeiten. Ich glaube, daran werden wir eines Tages gemessen werden, mit welcher Hingabe wir das gewollt, und natürlich auch, mit welchem Erfolg wir das getan haben.

2. Das Doppelgesicht sowjetischer Friedenspolitik – Vom Frieden ohne Illusion

von Professor Dr. Günter Brakelmann, Bochum

Die Sowjetunion versteht sich in ihren pragmatischen Äußerungen nach innen als Diktatur des Proletariats (= Sozialismus) und nach außen als Hort und Vortrupp des realen Sozialismus und der international progressiven Kräfte. Diese Tatsache kann nicht einfach aus der aktuellen Friedensdiskussion ausgeklammert werden. Dies hat nichts – so häufig der stille Vorwurf – mit einem unreflektierten Antikommunismus zu tun, der gefühlsmäßig Stimmung gegen die Sowjetunion machen will. Es geht im Kern darum, sich über die innere

Textur des Sowjetkommunismus mehr Klarheit zu verschaffen, um so besser, d. h. realistischer, auf ihn politisch antworten zu können. Unsere erste Antwort auf ihn kann unter den gegebenen Verhältnissen nur sein, Frieden zu halten und besseren Frieden mit ihm zusammen in der Zukunft zu schaffen. Darüber sollte es unter uns keinen Streit geben. Aber: Gerade um dieses einen entscheidenden Zieles willen müssen wir ihn gut kennen. Nur so werden wir die Voraussetzungen schaffen, mit ihm zusammen Zukunft zu haben. Mit ihm zusammen friedliche Zukunft können wir aber nur haben, wenn er seine Konzeption der friedlichen Koexistenz von Staaten verschiedener Gesellschaftssysteme durch das Prinzip auch der ideologischen Koexistenz ergänzt. Noch gilt die Doktrin: »Auf dem ideologischen Gebiet gab es keine friedliche Koexistenz zwischen dem Sozialismus und Kapitalismus und kann es sie nicht geben.« Das bedeutet praktisch für die demokratischen Länder des Westens, daß sie immer Gegenstand und Ziel ideologisch-politischer Angriffe sein werden.

Kriegstheorie des Sowjetmarxismus

Wie schwer nun an dieser Stelle ein Arrangement zwischen den »Blöcken« zur Zeit möglich ist, zeigt nun vor allem die Kriegstheorie des Sowjetmarxismus. In der »Militärstrategie« (von Marschall Sokolowski herausgegeben) stehen Sätze wie: *»Der Krieg ist nur eines der Mittel der Politik und eine der Formen des politischen Klassenkampfes«* (S. 250). Oder: »Der Krieg zwischen dem Lager des Imperialismus und dem Lager des Sozialismus, der, wenn er nicht verhütet wird, seiner politischen Bedeutung nach zum entscheidenden bewaffneten Zusammenstoß der beiden gegensätzlichen sozialen Weltsysteme wird, *dieser Krieg wäre ein aggressiver, ungerechter Eroberungskrieg von seiten des Imperialismus und ein gerechter revolutionärer Befreiungskrieg von seiten der Staaten der sozialistischen Völkergemeinschaft«* (S. 263).

Wir sehen: Die sowjetische Theorie unterscheidet immer noch zwischen einem »gerechten« und einem »ungerechten« Krieg. Der Krieg als politisches Mittel des internationalen Klassenkampfes ist nach wie vor im Arsenal der Theorie. Der Hauptgrund: die Aggressivität der imperialistischen USA und ihrer Verbündeten. Die Argumentation geht weiter: Der große Krieg kann zwar durch die zunehmende

Stärke des sozialistischen Lagers vermieden werden, aber gleichzeitig muß der Sowjetstaat sich vorbereiten, diesen Krieg führen zu können, wenn es sein muß. Und dabei gilt: »Unsere Beurteilung der militärstrategischen Lage der beiden Lager insgesamt ergibt, daß die des sozialistischen Lagers günstiger ist und ihm im Falle einer Aggression der Imperialisten den Sieg verbürgt« (S. 268).

Auch die nukleare Situation hat bislang nicht dazu geführt, diese Unterscheidung von gerechtem und ungerechtem Krieg kritisch zu hinterfragen. So hat noch 1976 in einer militärpolitischen Zeitschrift der DDR-General Heinz Hoffmann formuliert: »Bei allem Leid, das in diesem letzten und entscheidenden Konflikt zwischen Fortschritt und Reaktion über die Völker käme – besonders in den kapitalistischen Ländern –, das wäre von unserer Seite ein gerechter Krieg. *Wir teilen also die Auffassung nicht, die selbst fortschrittliche Menschen in der Friedensbewegung vertreten, im Atomzeitalter sei ein gerechter Krieg nicht mehr möglich, der Raketen-Kernwaffen-Krieg auch keine Fortsetzung der Politik der kämpfenden Klassen mehr, sondern nur noch atomares Inferno, Weltuntergang.*«

Das alles bedeutet, daß die marxistisch-leninistische Kriegstheorie noch ungebrochen in der Tradition von Clausewitz steht. Für ihn ist »Krieg eine Fortsetzung der Politik mit anderen Mitteln«. Auch der atomare Krieg bleibt ihr ein mögliches Mittel der Politik als Klassenkampfpolitik. Sie hält diesen Krieg auf Grund ihrer eigenen Abschreckungsstärke zwar für nicht mehr unvermeidlich, bereitet sich aber konsequent auf seine Möglichkeit vor. Sollte er geführt werden müssen, ist er als Krieg gegen den Imperialismus ein gerechter Krieg.

Clausewitz und Lenin sind die entscheidenden Väter der Kriegstheorie. Irgendwelche bedeutsamen Differenzierungen dieser Tradition sind bislang nicht auszumachen. Vor allem kann man bei der Lektüre sowjetmarxistischer Quellen sehen, wie wenig man von den Theorien moderner Friedensdenker oder von Friedensbewegungen hält. *Ein wie immer gearteter und differenzierter Pazifismus hat in diesem Denken keinen Platz.* Er provoziert auch nicht zur kritischen Diskussion. *Friedensbewegungen in demokratischen Ländern finden durchaus ein politisch-praktisches Interesse, weil sie die Sicherheitspolitik ihrer Regierungen verunsichern oder verhindern können. Im eigenen Machtbereich jedoch hat ein alternatives Denken zur eigenen Doktrin, oder haben pazifistische Friedensbewe-*

gungen oder Protestbewegungen gegen bestimmte Teile der Politik nicht die Spur einer ideologischen und politischen Chance.

Vergrößerung des politischen Einflusses durch militärische Stärke

Diese eindeutige ideologische Position in der Kriegstheorie muß nun nicht unbedingt bedeuten, daß man zielstrebig auf den großen Krieg erfolgreich als letzte Entscheidungsschlacht hinarbeitet. Nur ihn jederzeit erfolgreich führen zu können, ist die Aufgabe der Militärorganisation. Ihre Hauptaufgabe ist es zunächst, die Voraussetzungen abzugeben, politische Zwischen- und Fernziele verfolgen zu können. »Gemeinsam mit den anderen marxistisch-leninistischen Parteien hält es die Kommunistische Partei der Sowjetunion, so heißt es im Programm der KPdSU, für ihre nationale Pflicht, die Völker aller Länder aufzurufen, sich zusammenzuschließen, alle inneren Kräfte zu mobilisieren, tatkräftig zu handeln und – *gestützt auf die Macht des sozialistischen Weltsystems – die Einmischung der Imperialisten in die Angelegenheiten irgendeines Volkes, das sich zur Revolution erhoben hat, zu unterbinden oder ihnen eine energische Abfuhr zu erteilen.* Die KPdSU betrachtet es als ihre internationale Aufgabe, die Völker, die den Weg der Erkämpfung und Festigung ihrer nationalen Unabhängigkeit beschreiten, und alle Völker, die für die völlige Vernichtung des Kolonialsystems kämpfen, zu unterstützen« (S. 262). Im Klartext: Man unterstützt die unvermeidlichen nationalen Befreiungs- und Revolutionskriege.

Das bedeutet, daß die eigene militärische Stärke nicht nur die Funktion hat, den imperialistischen Gegner von einem Weltkrieg abzuhalten, sondern auch die Funktion hat, den Einflußbereich des »progressiven« Lagers zu vergrößern. Unterhalb der Schwelle eines atomaren Weltkrieges zwischen den Supermächten kann der politische Kampf gegen das imperialistische Lager in all seinen Spielarten fortgesetzt werden. Die Friedenspolitik reduziert sich also in erster Linie auf die mögliche Vermeidung des großen Krieges zwischen dem »Lager des Imperialismus und des Sozialismus«. Unterhalb dieser Stabilität sind die unaufhebbaren Gesetzmäßigkeiten des Klassenkampfes am Werke, zu deren Mittel eben auch Kriege gehören.

Dies gilt konsequenterweise auch schon für die Vorbereitung auf den Krieg hin. *Aufrüstung ist nicht nur formaler Schutz vor möglichen Angreifern, sondern zugleich Mittel für interimistische politische Zwecke.* Die Organisierung eines militärischen Großsystems hat schon jetzt strategische politische Funktionen: Mit diesen möglichen politischen Funktionen dieses Systems sich zu befassen, scheint mir wichtiger zu sein, als über die Frage zu philosophieren, ob die Sowjetunion einen Krieg will oder nicht. *Was sie in jedem Fall will, ist dieses: mitzuhelfen, daß das imperialistische Lager permanent politisch geschwächt wird.* Dieses Ziel kann sie aus der Position militärischer Stärke heraus natürlich besser verfolgen, als aus der Position potentieller Unterlegenheit. Man muß ihr also nicht expansionistische Eroberungsinteressen unterstellen, aber sie wird in der Konsequenz ihres eigenen Selbstverständnisses alles tun, um Schwächen in Ländern des anderen Lagers politisch auszunutzen und sie unter politischen Druck zu setzen, d. h. in Formen gewisser Abhängigkeiten zu bringen. *Eine auf einen Krieg gut vorbereitete Armee liefert die machtmäßigen Voraussetzungen, im »Frieden« seine politische Macht weltweit zu vergrößern.*

Antwort auf die sowjetische Doppelstrategie

Die Antwort auf diese Doppelstrategie wird noch dadurch erschwert, daß sich mit dem politisch-ideologischen Interesse, aus dem Wettkampf der Systeme schließlich als Sieger hervorzugehen, noch gewisse Zwangsläufigkeiten verbinden und vermischen, die mit der einfachen Tatsache, Großmacht zu sein, zusammenhängen. Schon *das Großmachtinteresse allein entbindet Intentionen und Praktiken, die auf eine eindeutige Führungsrolle zunächst gegenüber den kleineren Nachbarstaaten hinauslaufen.* Sich Vasallen, Satelliten, Kolonien oder Provinzen zu schaffen, ist bislang immer die historische Regel aller imperialistischen Staaten gewesen; und auch die Sowjetunion ist als Nachfolgestaat des alten zaristischen Rußlands ein imperialistischer Staat, der unmittelbar neben sich keine größere Selbstständigkeit duldet. Sie hat diesen Beweis häufig genug erbracht. Sie steht, wie die alten imperialen Mächte Europas, unter dem Zwang, die einmal erworbene Macht durch den permanenten Ausbau dieser Macht zu erhalten. Im Zentrum ihres Interesses steht das Eigeninteresse ihrer Staatsräson. Letztere bestimmt in einem entscheidenden Maß ihr politisches und

militärisches Verhalten in Konfliktfällen. Ist diese Staatsräson tangiert, scheut sie sich nicht, auch in »befreundete Nachbarstaaten« einzumarschieren oder mit anderen sozialistischen Staaten (Jugoslawien, China) auf Konfliktkurs zu gehen. *Vor den Machtinteressen müssen dann andere Bindungen zurücktreten.*
So sehr nun diese Mechanismen eine wichtige Rolle spielen dürften, so problematisch wäre es, das gesamte Verhalten der Sowjetunion ausschließlich machtstaatlich zu interpretieren. Wie gesagt: Die Rolle der Ideologie kommt hinzu. Nur ist sie manchmal fundamental und manchmal ornamental. *Im ganzen jedenfalls ergibt sich ein schwer zu analysierendes Gemisch aus Machtinteresse und ideologischen Intentionen.*
Meine These ist: Wenn wir das Problem des Friedens mit der Sowjetunion diskutieren – und der Frieden mit diesem Staat ist die Voraussetzung unserer Zukunft –, so reicht es einfach nicht aus, eine allgemeine Friedenssehnsucht oder eine allgemeine humanistisch oder christlich motivierte Friedensbereitschaft zum unmittelbaren Maßstab unserer politischen Entscheidungen zu machen. Wir müssen uns intensiver mit der Struktur des theoretischen Denkens und mit der historisch-politischen Tradition unseres Gegners, der langfristig unser Partner werden soll, befassen. Nicht, um ihn in einem billigen einseitigen Verfahren zum Urheber allen Unfriedens in dieser Welt zu machen, sondern um reale Anhaltspunkte zu gewinnen, wie ein Frieden auf Dauer mit ihm aussehen kann, wo praktische Möglichkeiten der Kooperation sind, aber auch, um nüchtern zu sehen, wo die Schwierigkeiten des Verstehens für uns liegen. Gegenüber dem heute weithin zu beobachtenden Aussteigen aus der Geschichte ist zu verlangen, daß der Teilnehmer an der Friedensdiskussion sich mit der Geschichte des bolschewistischen Rußland und mit der marxistisch-leninistischen Ideologie befaßt. Sie ist eine der Voraussetzungen, sich illusionslos auf die Aufgabe vorzubereiten, mit der Sowjetunion einen Frieden, der mehr ist als nur die Abwesenheit des großen Krieges, gemeinsam politisch und moralisch zu erarbeiten. Alle Friedenspolitik, die nicht diesen kritischen Weg durch die Gefilde der Ideologie und Praxis der Sowjetunion geht, bleibt höchst problematisch. *Haltbare Friedenspolitik wird man mit diesem Staat nur machen können, wenn man bei vollem Wissen um den Charakter sowjetrussischer Politik die möglichen Übereinstimmungen und die möglichen Interessengemeinsamkeiten herausfindet und sie dann zur Basis weiterer Entwicklungen für die*

Zukunft macht. Es dürfte aber unverantwortlich sein, ohne kritische Analyse der ideologischen und imperialen Elemente der sowjetrussischen Politik konkrete Friedenspolitik konzipieren zu wollen.

Frieden ohne Freiheit ist irreal

Und noch eins: Wer dem Anspruch der Sowjetunion aus Überzeugung zustimmt oder ihn nicht so ernst nimmt, hat es selbstverständlich einfacher mit seiner politischen Antwort als derjenige, der auch leidenschaftlich den Frieden will, aber nicht zum Preis möglicher politischer oder ideologischer Vorherrschaft der Sowjetunion. Frieden und Freiheit gleichzeitig politisch zu erhalten, ist natürlich eine schwere politische Aufgabe. Aber von unseren demokratischen Wertentscheidungen her, und vor allem von unseren eigenen Erfahrungen mit einer Diktatur her, können wir das Freiheitsproblem nicht vom Friedensproblem abkoppeln. Unser Problem der Zukunft ist Frieden mit der Sowjetunion, aber eben auch die Erhaltung unserer demokratischen Freiheiten nach innen und unserer staatlichen Eigenständigkeit nach außen. *Frieden ohne Freiheit bedeutet Verpflichtung, die »gerechten Kriege« der Großmacht ohne eigene Entscheidung mitzutragen.* In vollem Wissen um die Problematik der innenpolitischen Freiheit und der außenpolitischen Souveränität dürften dies die Essentials sein, die nicht - auch nicht um des Friedens willen - zur Debatte gestellt werden können. Beides gehört unzertrennlich zusammen. Es ist deshalb die politische Aufgabe, auch beides zusammen - Frieden und Freiheit - zu sichern und zu vertiefen. Die häufig gestellte Frage, was denn von beiden wichtiger sei - Frieden oder Freiheit -, geht an dem Faktum der engen Verschränkung beider vorbei. *Sicherheitspolitik qualifiziert sich damit als die andere Seite der Friedenspolitik. Und: Entspannungspolitik als Form der Friedenspolitik hat zu ihrer Voraussetzung Sicherheitspolitik. Und: Sicherheitspolitik ist nur zu verantworten, wenn sie mit Entspannungspolitik verbunden ist.*

Wer diese Dialektik auseinanderreißt, wer meint, das eine ohne das andere machen zu können, droht ins Irreale zu fallen. Jedenfalls solange die Sowjetunion dem Krieg noch die Qualität eines politischen Instrumentes gibt, sie alle Politik als internationalen Klassenkampf interpretiert und sich als endlicher Sieger im Wettkampf der Systeme weiß, so lange wird den demokratischen Staaten nichts anderes übrigbleiben, als sich militärisch ihrerseits so stark zu halten, daß sie politisch handlungsfähig bleiben. Auf jeden Fall haben sie das innere Recht, ein solches militärisches Sicherheitssystem aufzubauen, das das Risiko für einen Angreifer groß macht. Würden die demokratischen Staaten die Last eines solchen Sicherheitssystems als Verteidigungssystem nicht mehr auf sich nehmen wollen, so wäre das der erste Schritt zur inneren Erosion und zur außenpolitischen Ohnmacht. *Die Erhaltung der doppelten Freiheit* (so relativ sie sein mag) *macht eben noch das sog. Abschreckungssystem notwendig. Es ist aber nur zu rechtfertigen, wenn es über seine Schutzfunktionen hinaus die Grundlage für konsequente aktive Friedenspolitik abgibt.*

3. Angst als Waffe

von Dr. J. Kurt Klein, Leitender Regierungsdirektor, Bonn

Zu den psychologischen Fundamenten jeder Diktatur, sei sie totalitär oder autoritär, gehört die menschliche Angst. Solche Angst fördert aber nicht nur die Entstehung diktatorischer Systeme, sie wird auch zur wirksamen psychologischen Waffe der Diktaturen. In ebenso systematischer wie vielfältiger Weise wird sie gezielt erzeugt und eingesetzt. Im Rahmen der inneren Systemstabilisierung fördern die Diktaturen bei den ideologisch loyalen Zielgruppen die Angst (Gewissensangst) vor der Linienabweichung und bei den Gegnern die Angst vor der Entdeckung und Verfolgung.

Lehren der Geschichte

Die Angst wird in Diktaturen aus einer natürlichen menschlichen Empfindung zu einem politischen Instrument. Sie wird – je nach politischer Zweckmäßigkeit – erzeugt oder auch durch Propaganda überspielt. Überspielt wird sie,

- wo sie den Wehrwillen im eigenen Lager lähmt;

- wo sie die Freundschaft eines umworbenen Bundesgenossen gefährdet
- oder wo sie den Widerstand eines Gegners zu früh wachruft.

Diese bei Diktaturen übliche Manipulation menschlicher Gefühle wurde schon im alten Rom praktiziert. Jede Diktatur, die in der Lage ist, das heutige Instrumentarium der Information und Massenkommunikation ohne kontrollierende Gegenkräfte uneingeschränkt zu nutzen, wird damit zu einem totalen Staat, auch wenn er nicht – wie Hitler – verbrecherische Ziele des Völkermordes verfolgt. Solche Ziele werden der heutigen Sowjetunion keineswegs unterstellt, wenn deutlich gemacht wird, welche verhängnisvollen Folgen die Unkenntnis des Instrumentes der Angsterzeugung in der westlichen Welt zu Hitlers Zeit hatte.

Hitler und Goebbels waren Meister der Angstpropaganda. Der Erfolg gab ihnen recht; denn die »unblutigen Siege« des braunen Gewaltsystems bis zum Ausbruch des Zweiten Weltkrieges waren beeindruckend. Dabei war ihr Rezept relativ einfach zu durchschauen. Als das Dritte Reich noch schwach war und die ersten Rechtsbrüche mit der Wiedereinführung der Wehrpflicht (1935) und der Besetzung des entmilitarisierten Rheinlandes (1936) wagte, spielte es dem Westen das schlechte Gewissen zu und erreichte eine passive Duldung der erfolgten (völkerrechtlichen) Vertragsbrüche. 1938, als die neue deutsche Wehrmacht mit der Besetzung Österreichs einen Beweis ihrer Einsatzbereitschaft lieferte, konnten die Nationalsozialisten bereits Angst als Waffe einsetzen. Als im gleichen Jahr der britische Premier Chamberlain und der französische Ministerpräsident Daladier in München der Zerstörung der Tschechoslowakei durch die Abtrennung der Sudetengebiete zustimmten, waren sie von der Angst beherrscht, ein Widerspruch könnte dem Diktator als Kriegsgrund dienen. Außerdem hatten die beiden Staatsmänner die wachsenden pazifistischen Bewegungen in ihren Ländern zu berücksichtigen. Die damals von den braunen Propagandisten suggerierte Frage: »Wollt Ihr für Danzig sterben?« hatte eine ähnliche Wirkung wie die heute suggerierte Forderung: »Lieber rot als tot!«[1]

---

1. Dazu: *Kurt von Schuschnigg:* Ein Requiem in Rot-Weiß-Rot, Zürich 1949; *ders.:* Im Kampf gegen Hitler. Die Überwindung der Anschlußidee, Wien 1969; *Walther Hofer:* Die Entfesselung des Zweiten Weltkrieges, mit Dokumenten, Frankfurt/M. 1964.

So erfolgreich Hitlers Waffe Angst in den westlichen Demokratien wirkte, so nachhaltig schlug sie auf eine eigene Lagebeurteilung zurück. Für die Friedensbereitschaft der Briten und Franzosen hatte er nur mitleidige Verachtung übrig. Wie seine Aussagen kurz vor Kriegsbeginn verdeutlichen, glaubte er nicht an die Bündnistreue der beiden Westmächte gegenüber Polen, an die Abschreckungswirkung ihrer Armeen und an einen möglichen Zweifrontenkrieg, den er als größtes Risiko empfand und fürchtete.[2] Ähnlich falsch schätzte er den Eindruck des Hitler-Stalin-Paktes auf den Westen ein. Hieraus wird deutlich, daß die Überschätzung der Angstwirkung zurückschlagen und zu falschen Lagebeurteilungen führen kann. – Beinahe gespenstisch mutet schließlich die Szene an, in der am 3. September 1939 ein fassungsloser Hitler die Kriegserklärung der Westmächte entgegennehmen und den Zusammenbruch seiner »Lagebeurteilung« erleben mußte.[3]

Wer aus der Geschichte nichts lernt, ist dazu verdammt, sie zu wiederholen.

Die Angst in der psychologischen Strategie Moskaus

Sowjetisches Denken und Handeln folgt bis heute den leninschen Grundsätzen von der Strategie und Taktik. Sie lehren die Unverzichtbarkeit des »strategischen Endzieles«, das man früher die »kommunistische Weltherrschaft« nannte und heute mit der »Herrschaft des Kommunismus im Weltmaßstab« umschreibt. – Bis in die letzte Zeit betont der Kreml immer wieder, daß sich an diesem Endziel kein Jota geändert habe. Wer den Kommunismus in seinem Wesen kennt, der weiß, daß er eine Art »Diesseitsreligion« predigt. Wo er imstande ist, Menschen zu überzeugen und zu gewinnen, geschieht dies durch den Glauben an eine ideal gestaltbare Zukunfts- und Endzeitordnung. Verzichtete der Kommunismus auf die Erlösungskompo-

---

2. Dazu: *Paul Schmidt:* Statist auf diplomatischer Bühne 1923–45, Bonn 1953; insbesondere S. 472 ff. (Entgegennahme der brit. Kriegserklärung durch Hitler); *Robert Coulondre:* Von Moskau nach Berlin. Erinnerungen des französischen Botschafters, 1936–39, Bonn 1950.
3. Dazu die Lagebeurteilung Hitlers vor den Oberbefehlshabern der Wehrmacht am 22. August 1939 in: *Hans-Adolf Jacobsen:* 1939–1945: Der Zweite Weltkrieg in Chronik und Dokumenten, Darmstadt 1961; S. 115 ff.

nente, so verlöre er die innere Dynamik. Hier liegt die Gemeinsamkeit mit den Jenseitshoffnungen der Religionen.

Das »strategische Endziel« bestimmt alle Grundsätze und Moralgebote der Politik. So denkt und plant man in langen Zeiträumen und großen geografischen Dimensionen. Alle strategisch-operativen Zwischenziele haben sich diesem Endziel unterzuordnen, auch wenn sie sich bei weltpolitischen Großwetterlagen ändern können[4]. – Im Bereich der politischen Taktik (Politik der kleinen Schritte) werden sogenannte »Nahziele« angestrebt. *Dabei wird nicht nur höchste Flexibilität gefordert, sondern auch jedes Mittel erlaubt, das der strategischen Zielsetzung dient. Dies gilt insbesondere bei den »taktischen Bündnissen«, die die Kommunisten auch mit »Klassengegnern« anstreben, um ein »Nahziel« zu erreichen.* So ist die Geschichte der marxistisch-leninistischen Parteien – einschließlich der deutschen KPD/DKP – voller wechselnder »taktischer Bündnisse«, hin bis zum Bündnis zwischen KPD und NSDAP während des Berliner Verkehrsarbeiterstreiks 1932. – Wie die Weisungen der KPdSU und alle diesbezüglichen Schriften der DKP klarstellen, sind es *vor allem zwei »taktische Bündnisse«, die man gegenwärtig in den Vordergrund stellt:*

- *das Bündnis mit allen Friedenskräften,* insbesondere Pazifisten zur Verhinderung der Nachrüstungskomponente des NATO-Doppelbeschlusses vom 12.12.1979;
- *das Bündnis mit »fortschrittlichen« (sog. »linken«) Sozialdemokraten und Gewerkschaftern, um eine »Aktionseinheit der Arbeiterklasse von unten« herzustellen,* nachdem die Führung der SPD und des DGB eine »Aktionseinheit von oben« verhindert haben.

Daß man in der Bundesrepublik politische Gruppen umwirbt, deren Anhänger in der DDR (und UdSSR) erbarmungslos verfolgt werden, ist kein Widerspruch, sondern Ausdruck der »dialektischen Logik«[5].

---

4. Die heute erkennbaren »strategischen Zwischenziele« der sowjetischen Westpolitik sind:
   - Trennung der USA von ihren westeuropäischen Verbündeten und damit Zerstörung der NATO;
   - Störung und Zerstörung der Zusammenarbeit innerhalb der Europäischen Gemeinschaft;
   - Kontrolle über die Energie- und Rohstoffverbindungen der westlichen Industriestaaten.
5. Verfassungsschutz 1980, Hrg. Bundesminister des Inneren, Bonn 1981; S. 62 ff., 73 ff., 86 ff.

Ein weiteres Prinzip der leninschen Strategie und Taktik ist der konzentrische Einsatz aller politischen Mittel. Der »strategischen Hauptlinie« haben sich Außen-, Militär-, Wirtschafts- und Kulturpolitik völlig unterzuordnen. Zentrale Bedeutung kommt dabei der Propaganda zu, die die Strategie psychologisch abzusichern hat, also eine Art *»psychologische Strategie«* darstellt. *Zu ihren Kernbereichen zählt die Sympathiewerbung für den Sowjetkommunismus und – als Kehrseite – die Angstverbreitung. Die Sympathiewerbung soll das unmenschliche Gesicht des Systems verdecken, die Angstverbreitung zielt auf die Zerstörung der westlichen Verteidigungsbereitschaft.*

Das psychologisch-taktische Konzept ist einfach und weist folgende Phasen auf:

- *Die im Westen vorhandene Friedensliebe und Friedensbereitschaft wird emotionalisiert durch systematische Betonung der Kriegsrealitäten, insbesondere des »atomaren Infernos«.* Das Ziel ist schwindendes Sicherheitsbewußtsein und eine alles beherrschende Kriegsfurcht. (Der Bevölkerung im Ostblockbereich bietet man ein klassisches Kontrastprogramm hierzu. Darum verwehrt man auch den westlichen Friedensbewegungen grenzüberschreitende Aktionen.)
- *Die Sympathiewerbung für die »Friedenspolitik« des Sowjetkommunismus verdrängt die Angst vor der kommunistischen Unfreiheit. Das Ziel ist die Suggestion der falschen Alternative: »Lieber rot als tot!«*
- Der Emotionalisierung folgt die (auch religiös motivierte) Moralisierung mit dem Ziel der Verdammung der eigenen militärisch fundierten Sicherheitspolitik.
- *Durch die Verteufelung der Führungsmacht im NATO-Bündnis, der Vereinigten Staaten, werden die gesamte westliche Verteidigungspolitik diskreditiert* und der Boden für neutralisitische Ideologien vorbereitet. Das Ziel ist u. a., Angst vor der USA zu verbreiten und die historischen Leistungen der Nordamerikaner für die Freiheit der Bundesrepublik Deutschland in Vergessenheit geraten zu lassen.

Das Ziel vieler überzeugter Pazifisten, eine friedliche Welt, würde ins Gegenteil verkehrt, wäre diese psychologische Taktik erfolgreich. »Es gibt nichts Schädlicheres als die Phrasen vom Kundtun des Friedenswillens der Völker. Das alles ist süßliche Träumerei«, sagte Lenin, als er die Grundzüge der Friedenspropaganda durchdachte[6]. Die eigene – bis heute gültige –

6. *W. I. Lenin:* Ausgewählte Werke, Band II, Berlin (Ost) 1953; S. 25.

Position umschrieb er unzweideutig: »Die Bolschewisten waren nie einfache Pazifisten. Sie betrachten den Krieg nie von sentimentalen Gesichtspunkten her. Sie sind prinzipiell für die Gewaltanwendung seitens der revolutionären Klassen, weil es ohne Gewalt nicht möglich ist, das Volk zu befreien.«[7] – Wie sich diese »Befreiung« abspielt, legt *Lenin* an zahlreichen Stellen verbindlich fest: *»Die Diktatur des Proletariats ist ein zäher Kampf, ein blutiger und unblutiger, gewaltsamer und friedlicher, militärischer und wirtschaftlicher, pädagogischer und administrativer Kampf gegen die Mächte und Traditionen der alten Gesellschaft.«*[8]

Bei nur vordergründiger Kenntnis des Marxismus-Leninismus wird man solchen programmatischen Festlegungen entgegenhalten, daß sich die Lage verändert habe, seit für die UdSSR ebenfalls ein nukleares Existenzrisiko besteht. Das ist richtig, aber nur zum Teil. *Unbestreitbar ist der Friedenswille der Völker in Osteuropa,* einschließlich der im Zweiten Weltkrieg besonders leidgeplagten sowjetischen Bevölkerung. Ebenso unbestreitbar ist der relativ vorsichtige Umgang der Sowjetführung mit ihrem militärischen Potential gegenüber Westeuropa. Hier hat die Abschreckungspotenz der NATO seit 1945/48 den Frieden erhalten, während in der übrigen Welt über 140 Kriege (mit etwa 30 Millionen Toten) geführt wurden.

Auf der anderen Seite demonstrierten die Sowjets ihren Willen der Gewaltanwendung im leninschen Sinne innerhalb und außerhalb ihres Machtbereichs überall dort, wo sie kein Risiko zu befürchten hatten[9]. Jede Schwächung des Abschreckungspotentials der NATO bedeutet eine Minderung des Aggressionsrisikos. *Lenin lehrte eindeutig, das Risiko zu meiden und dort anzugreifen, wo keines zu erwarten ist. »Wir brauchen jetzt keine Argumente im Stil unserer saftlosen Intellektuellen, sondern wir müssen lernen, proletarische Kinnhaken auszuteilen. Wir müssen Lust zum Kampf haben und ihn zu führen wissen«,* sagte er zu einem Gesprächspart-

7. A.a.O., Band 25, S. 411.
8. A.a.O., Band 10, S. 57.
9. Dazu gehören die blutige Niederschlagung des mitteldeutschen Aufstandes im Juni 1953, die Unterdrückung der polnischen Unruhen 1956, Niederwerfung der ungarischen Revolution 1956, die gewaltsame Besetzung der ČSSR 1968 und die Beteiligung an der Ausübung des Kriegsrechts in Polen 1981. Der Krieg gegen die freiheitlichen Kräfte in Afghanistan seit 1979.

ner, als sich die Diskussion um den »richtigen Augenblick« des Wechsels von der taktischen Defensive zur strategischen Offensive drehte[10].

Angst macht einäugig

Auch ohne Propaganda geht in der westlichen Welt das Gespenst der Angst um und überlagert weithin rationale Überlegungen, wie den Gefahren wirksam begegnet werden kann. Daß es möglich war, ein Kirchentagsmotto, »Fürchtet euch nicht!«, teilweise umzufunktionieren zum »Fürchtet euch doch!«, sollte besonders nachdenklich stimmen. Daß man vor noch nicht aufgestellten amerikanischen Abschreckungswaffen größere Angst hat als vor aufgestellten sowjetischen Bedrohungswaffen, ist für den Warschauer Pakt ein Sieg der »psychologischen Kriegsführung«. Bedenklich erst recht: Nicht selten reagiert man dort aggressiv, wo der Versuch unternommen wird, mit rationalen Argumenten die Emotionalisierung einzudämmen. Man kämpft verbissen um seine Angst und verteufelt die Wege des Verstandes. Der sowjetisch gesteuerte Kommunismus investiert allein in den »Friedenskampf« innerhalb der Bundesrepublik ungezählte Millionen. Weit über 50 Millionen DM jährlich erhält – nach Angaben des Bundesminister des Innern – die moskauhörige DKP aus der DDR[11]. *Es ist gefährlich, die Bedeutung des politischen Erfahrungswissens zu unterschätzen. Es ist kein Zufall, daß die christliche Regel anrät, »nach bestem Wissen und Gewissen« zu entscheiden. Gewissensentscheidung ohne Wissensbefragung kann sündhaft sein.*

Wer kennt im Westen schon solche programmatischen Werke wie das Buch des Sowjetideologen I. A. Selesnjow »Krieg und ideologischer Kampf«? (Militärverlag der DDR, Berlin-Ost 1977.) *Hier wird ganz offen ausgesprochen, in welch einer Weise der von Moskau gesteuerte Kommunismus die Friedenssehnsucht ungezählter westlicher Bürger, die alles andere als Kommunisten sind, auszunutzen habe. Philosophie, Recht, Wissenschaft, Kunst und besonders die Religion müssen nach diesen Weisungen intensiv in den »ideologischen Kampf« einbezogen werden.* Dabei sei es

---

10. *N. Walentino:* Meine Gespräche mit Lenin, Vorwärts, New York 1948.
11. Verfassungsschutz 1980, a.a.O., S. 68.

besonders nötig und zweckmäßig, »Aufrufe der Geistlichen unseres Landes (d. UdSSR, d. Verf.) an die Geistlichen und Gläubigen des Feindes zu richten, um sie für uns einzunehmen«, und dies, obwohl die Religion im eigenen Bereich aktiv bekämpft wird. (S. 158 f.)

Die Friedensliebe unserer Bürger, und nicht nur die der Demonstranten, ist qualitativ etwas völlig anderes als der »Friedenskampf« der kommunistischen Mitdemonstranten:

- Hinter ihnen steht eine Weltmacht, die UdSSR, die eigentlich eine Antithese zu echter Friedenspolitik praktiziert.
- Die verbindliche Militärdoktrin steht in der Sowjetunion im Range einer Gesellschaftswissenschaft. Sie ist – als integraler Bestandteil der Ideologie des Marxismus-Leninismus – offensiv und auf die völlige Vernichtung des Gegners ausgerichtet[12].
- Die Militarisierung des gesamten gesellschaftlichen Lebens, einschließlich der dazugehörenden »Haßerziehung«, hat eine noch nie dagewesene Intensität erreicht[13].
- Die Verfolgung Andersdenkender, besonders der Bürgerrechtler und Pazifisten, steuert einem neuen Höhepunkt zu.
- Die Demonstrationen der Gewalt- und Kriegsbereitschaft, wie sie ostblockintern in der DDR (1953), Polen und Ungarn (1956), der ČSSR (1968) und wiederum in Polen (1981/82) sichtbar wurden, setzen sich auch außerhalb des Sowjetblocks fort. Afghanistan (1979) ist ein aller Welt offenes Beispiel.

Trotz dieser weltweit bekannten Tatsachen sind in der Bundesrepublik und anderen westlichen Ländern die Proteste gegen faschistische und Militärdiktaturen (Polen ausgenommen) lauter als gegen die Unmenschlichkeiten des Sowjetkommunismus. Den Systemtoten in der UdSSR (Solchenizyn geht im »Archipel Gulag« von ca. 60 Millionen aus) und anderen kommunistischen Ländern (einschließlich Rotchinas) wird keine Beweiskraft mehr zugestanden. *Die moralische Einäugigkeit in der heutigen freien Welt wird im Urteil der Geschichte einmal auf die gleiche Verdammungsstufe gestellt werden, auf der die Verharmloser des Nationalsozialismus inzwischen stehen.* Das wird

---

12. Dazu *Günther Poser:* Militärmacht Sowjetunion – Daten, Tendenzen, Analyse, München 1980.
13. Dazu: *Reinhard Günther:* Feinbild Bundesrepublik, Bonn 1976.

auch jene Theologen einschließen, die sich durch partnerschaftliches Zusammenwirken mit dem Kommunismus selber auf die moralische Ebene der Hitler bejahenden »Deutschen Christen« stellen.

Angst als Bumerang

Zu den verhängnisvollen Wirkungen der Angststrategie des Sowjetkommunismus gehört ihr Bumerang-Effekt. Er entspringt einer alten menschlichen Erfahrung: *Wer in aggressiver Absicht bewußt Angst verbreitet, unterstellt seinen Zielgruppen sehr bald die gleichen Absichten, die er selbst hegt.* Wer anderen bewußt Unsicherheit suggeriert, fühlt sich sehr bald selber bedroht. Die Kremlführung unterstellt dem Westen schlichtweg alles das, was zu ihren eigenen Systemmerkmalen gehört. Auch glaubt sie an die weltweiten subversiven Aktionen des CIA und BND, obgleich diese Nachrichtendienste nur einen kleinen Bruchteil des Umfanges und der Möglichkeiten des sowjetischen KGB aufweisen[14]. Hinzu kommt die panische Berührungsangst mit jeder Form pluralistischen Denkens, das als systemzerstörend gefürchtet wird. Die Folge: So hat man 1968 die ČSSR und 1981 Polen unter das Kriegsrecht gestellt, weil man erkannte, daß pluralistische Tendenzen zur Zerstörung des sozialistischen Singularismus (»Führung des Volkes durch die Avantgarde des Proletariats«, d. h. der Einheits- und Staatspartei) führen müssen.

Weitere Ängste haben sich inzwischen eingestellt. Die Schwerfälligkeit des Planwirtschaftssystems und die astronomischen Verschuldungssummen des Ostens bei den sogenannten »kapitalistischen« Ländern lassen die Angst wachsen, daß die Kreditquellen versiegen und unentbehrliche Schlüsselprodukte aus dem Westen unter Embargo-Verbote fallen. Hinzu kommt die Angst, daß die ökonomische Systemkrise einzelne Staaten des »Rates für gegenseitige Wirtschaftshilfe« (RGW), besonders Ungarn, die DDR und Rumänien, zu eigenen Wegen verführen könnten, die sich der Kontrolle Moskaus

14. Dazu: *Alekse Myagkov:* KGB intern-Enthüllungen eines Offiziers der III. Hauptabteilung, Stuttgart 1977; *John Barron:* KGB-Arbeit und Organisation des sowjetischen Geheimdienstes in Ost und West, Bern und München 1974.

entziehen. Ökonomische Kontrolle ist untrennbar verbunden mit politischer Kontrolle, die der Kreml nicht aufzugeben willens ist.
Eindeutig abraten möchte der Verfasser trotz allem von der Folgerung der Westen solle endlich auch Angst als Waffe bewußt einsetzen und systematisch Unsicherheit im Osten verbreiten. Das widerspräche sowohl dem Charakter einer möglichst humanen Sicherheitspolitik als auch dem der Abschreckung. Letztere soll keine Angst erzeugen, sondern nur das Risiko aufzeigen, das bei Fehlverhalten wirksam wird. Angst wurzelt im emotionalen, die Abschrekkungsidee im rationalen Bereich. Bei aller Infragestellung der Ratio: Sie kann und darf in der Politik nicht durch das Gefühl ersetzt werden.
Einen Schluß sollte diese Abhandlung jedoch nahelegen: Es ist dringend geboten, daß über Ideologie, Strategie und Taktik des Sowjetkommunismus und seine Realität mehr Informationen im Westen verbreitet werden. Darin einen primitiven »Antikommunismus« oder eine Neubelebung des »Kalten Krieges« zu sehen, ist schlichtweg Dummheit. Wer Frieden will, muß bereit sein, auch vom Gegner her zu denken; er muß seine Ideologie, seine Motive und seine Verlegenheiten ernst nehmen und in eine Strategie des Friedens einbeziehen.

II. Ideologisierung der Feindesliebe

1. Wider den politischen Mißbrauch der Bergpredigt

von Professor Dr. Martin Hengel, Tübingen

Die Bergpredigt – nicht zur Selbstbedienung

Die Bergpredigt bietet keine Auswahl zur Selbstbedienung an, etwa indem man sich bei den immer noch ganz einladend klingenden Seligpreisungen wie in einer Boutique das gerade modisch Passende heraussucht. Man rechnet sich einmal zu den »nach Gerechtigkeit Hungernden«, die die »bessere Gerechtigkeit« – revolutionär natürlich –erstreben, und dann wieder zu den »Friedensmachern«, wobei man mit dem Anspruch auftritt, man könne – politischen – »Frieden schaffen ohne Waffen«.

In der Bergpredigt spricht weder ein Professor für politische Ethik, erst recht nicht der milde Jesus der Nazarener. Der Christus des Matthäus trägt eher die Züge des Weltenrichters in der Sixtinischen Kapelle. Von diesen drei Kapiteln in Matthäus 5 bis 7 gilt im Grund das Wort der Jünger: »Hart ist diese Rede. Wer kann sie hören« (Johannes 6,60). Der Evangelist hat eine völlig andere Blickrichtung. Die von ihm proklamierte »bessere Gerechtigkeit« (Matthäus 5,20) ist nicht irgendein politisch realisierbares »Gerechtigkeitsideal«. Er fordert schlicht und einfach das Tun des *ganzen* ungebrochenen Gotteswillens: »Es wird nicht jeder, der zu mir sagt: ›Herr, Herr‹, in das Himmelreich kommen, sondern der, der den Willen meines Vaters im Himmel tut« (7,21). Nur der baut auf dem Felsen, der »diese meine Rede hört und sie tut« (7,24) – ohne willkürliche Auswahl und ohne selbstherrliche Einschränkung. Das »immer strebend sich bemühen« genügt keinesfalls, und politische Pflichtübungen erst recht nicht.

Wörtlich: »Ihr habt gehört, daß zu den Alten gesagt ist: ›Du sollst nicht töten. Wer aber tötet, soll des Gerichtes schuldig sein.‹ Ich aber sage euch: Wer mit seinem Bruder zürnt, der ist des Gerichtes schuldig. Wer aber zu seinem Bruder sagt: Du Nichtsnutz, der ist des Hohen Rates schuldig. Wer aber sagt: Du gottloser Narr, der ist des höllischen Feuer schuldig« (5,21 ff.). »Wer eine Frau ansieht, ihrer zu begehren, der hat schon die Ehe gebrochen in seinem Herzen« (5,28). Nicht nur der Meineidige ist schuldig, sondern jeder, der die Unwahrheit sagt. »Eure Rede sei ja ja, nein nein. Was darüber ist, das ist vom Übel« (5,37). Entzieht man sich mit der völlig einseitigen Berufung auf zwei oder drei Stellen der Bergpredigt nicht gerade ihrem unerhörten Anspruch und schiebt deren Befolgung den Repräsentanten des Staates zu?

Das ungeteilte Herz

Unser Herz und Tun müssen ungeteilt, ganz gut sein, wenn sie vor Gottes Augen bestehen sollen. Daß dieser Höhenflug, der einem Christen, der noch nicht völlig abgestumpft ist, schwindeln machen sollte, vom Evangelisten im Sinne einer erfüllbaren Forderung, und nicht als fromme Floskel gemeint ist, demonstriert die Geschichte vom reichen Jüngling (19,16 ff.): Auf die Versicherung des Reichen, er habe den Dekalog, ja selbst das Liebesgebot eingehalten, antwortet Jesus: »Wenn du vollkommen sein willst, gehe hin und verkaufe deinen Besitz ... und komm und folge mir nach!« Wahrhaftig, Luther hat nur zu richtig übersetzt, wenn er das Ende der Bergpredigt (7,28) mit den Worten wiedergibt: »Da entsetzte sich das Volk über der Lehre.« Dieser Text verbietet nicht nur jede leichtfertige, auf billige Effekte bedachte Verwendung, vor ihm zerbricht auch alle Selbstsicherheit eines guten Gewissens. Das Grundproblem, vor das uns die Bergpredigt stellt, ist die Übermacht unserer Sünde. Matthäus lehrt uns so, Paulus besser zu verstehen: »Denn durch das Gesetz kommt Erkenntnis der Sünde« (Römer 3,20). Er zwingt uns, den Apostel der bedingungslosen Gnade zustimmend zu zitieren: »Wollen habe ich wohl, aber Vollbringen das Gute finde ich nicht« (Römer 7,18).
Dietrich Bonhoeffer, der wie kaum ein anderer in unserem Jahrhundert um ein wirkliches, praktisches, ungebrochenes Ernstnehmen dieses Textes im Gehorsam des Glaubens gerungen hat, erkannte auch seine elitäre Konsequenz, wenn er in einem Brief an seinen ältesten Bruder 1935 schreibt: »Die Restauration der Kirchen kommt gewiß aus einer Art neuen Mönchstums, das mit dem alten nur die Kompromißlosigkeit eines Lebens nach der Bergpredigt in der Nachfolge Christi gemeinsam

hat. Ich glaube, es ist an der Zeit, hierfür die Menschen zu sammeln.«

Aber selbst der Weg Bonhoeffers ging in eine radikal andere Richtung. Weg von dem Verzicht auf Gegengewalt, wie er Matthäus 5,38ff. gefordert wird, auf einen Weg, der die gewaltsame Beseitigung des Tyrannen samt seiner Helfershelfer anstrebte, ein Weg, der dem Wortlaut der Bergpredigt offen widersprach, aber dennoch zu einem im Glauben begründeten Kreuzweg wurde.

Eben weil »dieses Wort nicht da ist zu unserer freien Verwertung, zum Mitnehmen und Bedenken« (Bonhoeffer), kann es auch nicht unmittelbar »politisch verwertbar« sein. Es entzieht sich beharrlich politischer Argumentation und Agitation, selbst da, wo es um so lebenswichtige Fragen, wie den bedrohten Weltfrieden und den Wahnsinn einer weltweiten Aufrüstung geht. Hier kann man leichter mit alltestamentlichen Texten wie dem Dekalog und dem Liebesgebot (3. Mose 19,18) argumentieren. Denn die Bergpredigt läßt sich nicht einfach formalisieren und an wechselnde historische Situationen adaptieren. Sie bedeutet das Ende einer von Menschen »machbaren« Geschichte und damit das Ende aller in menschlicher Macht stehenden Politik. Es mag freilich sein, daß der Heilige Geist, der weht, wo und wann er will, durch das eindringliche Wort des Bergpredigers auch den politisch Verantwortlichen je und je Einsicht, Besonnenheit, Standvermögen und Mut zu unpopulären, aber notwendigen Entscheidungen schenkt, die dem Frieden dienen und Gewalt abbauen, Entscheidungen, die letztlich immer im Gewissen des einzelnen vor Gott verantwortet werden müssen. Jedoch bedürfen unsere von uns selbst gewählten politischen Repräsentanten dazu mehr unserer täglichen Fürbitte als unseres über der Bergpredigt erhobenen Zeigefingers.

Die in einer Demokratie notwendige Kritik jedes Bürgers wird dadurch nicht ausgeschlossen; es geht hier nur um die Frage, ob jene drei Kapitel eine geeignete Grundlage dafür abgeben.

Politischer Biblizismus?

Noch kein einziges politisches Reich der Weltgeschichte wurde oder wird nach den »elementaren Weisungen der Bergpredigt« gelenkt. Gerade ihre Spitzenaussagen, wie 5,20.48; 6,33; 7,13f.,21 (ich bitte, sie nachzulesen), sind – glücklicherweise – fernab aller *staatlichen* Möglichkeiten. Eine (pseudo)christliche Theokratie, die die Forderung der Bergpredigt mit staatlichen (d. h. Zwangs-)Mitteln verwirklichen wollte, wäre ein Widerspruch in sich selbst. Versuchte sie es in beliebiger Auswahl, käme sie als Weltanschauungsdiktatur dem Reich des Antichrist bedenklich nahe. Von allen Biblizismen ist der politische Biblizismus jeder Art am gefährlichsten. Hier könnte am Ende der Ungeist Khomeinis durch die Hintertür eindringen.

Machen wir die Probe aufs Exempel: Worin soll sich ein demokratisch gewählter Politiker, der erfolgreich bleiben will, durch die konkreten Aussagen der Bergpredigt belehren lassen? Mit Hilfe der Seligpreisungen? Ihren Höhepunkt finden sie in den letzten beiden, dem Preis der Verfolgten. Ist es nicht Aufgabe der Politiker, Intoleranz, Fanatismus, kurz allem, was zur Verfolgung führt, zu wehren? Hier wird jedoch Verfolgung nicht nur einfach vorausgesetzt, sondern die Verfolgten werden zur Freude aufgefordert. Der moderne, weltanschauungsneutrale, tolerante Staat ist gerade nicht im Blickfeld des Bergpredigers.

Kann der Politiker den Antithesen der Bergpredigt gerecht werden? Er muß doch im Wahlkampf das Versagen seines Gegners anprangern, auf den Balken in dessen Augen hinweisen! Kann er auf Polemik und Anklage verzichten? Das können nicht einmal Pastoren und Professoren. Welche Partei macht nicht mit ihren »guten Werken«, ihren humanen Programmen und ihren Erfolgen Propaganda: Kann man von ihr und ihren Repräsentanten fordern, »daß die rechte Hand nicht wissen soll, was die linke tut«, damit sie nicht »von den Menschen gepriesen werden« (6,2)? Man könnte so fortfahren, und eine Absurdität an die andere reihen. Soll der Finanzminister etwa nicht »sorgen« und »Schätze auf der Erde sammeln« (6,19)? Soll eine gute Regierung nicht Vor-Sorge treffen für Vollbeschäftigung, soziale Absicherung und einen ausgeglichenen Haushalt? »Du sollst nicht dem Bösen Widerstand leisten« (5,39) bedeutet als politische Anweisung schlicht und einfach die Selbstaufgabe jeder staatlichen Ordnung. Keine Bürokratie dieser Welt soll und kann »Liebe üben«. Sie soll gerecht, human und effektiv arbeiten, kurz »ihre Pflicht tun«. Liebe im Sinne des Bergpredigers ist mehr als bloße Humanität. Sie kann nur im Blick auf das ganze Neue Testament definiert werden und bedeutet völlige, bedingungslose Hingabe, Ausstrahlung der vom Gekreuzigten empfangenen Liebe Gottes und ist als solche Furcht des Heiligen Geistes (Galater 5,22).

Wäre nicht schon viel erreicht, wenn Staaten ihre Gegner gerecht und menschlich behandelten oder wenn sie im eigenen Interesse auf das atavistische Mittel des Krieges verzichten würden? Wenn es aber dennoch zum Konflikt kommt und der Schwächere angegriffen wird? Wie ist Feindesliebe und Konfliktfall unter Völkern denkbar? Präziser: Wie hätte die Feindesliebe der Verantwortlichen in den von Hitler unterjochten Völkern gegen diesen politischen Verbrecher und Verführer samt seinen Schergen aussehen müssen? Die Übereinkunft von München 1938 war ja wohl ein Sündenfall und keine Friedenstat, ebensowenig wie der »Nichtangriffspakt« zwischen Deutschland und der Sowjetunion im August 1939.
Es bleibt die »Goldene Regel« (7,12); sie ist immer und für jedermann beherzigenswert. Aber sie ist gerade nicht spezifisch für die Bergpredigt, sondern war »zur Zeit Jesu ... eine weitverbreitete Klugheitsregel« (J. Jeremias) für Griechen und Juden, ja bis Indien und China. Gerade in ihr das Fazit von Matthäus 5–7 sehen zu wollen, hieße diesen Text nivellieren.
Aber handelt es sich hier in der Bergpredigt nicht um mehr, um das verbindliche Gebot Jesu, das der Christ wie die Kirche ernst zu nehmen und zur Grundlage seines Handelns zu machen hat? Gewiß, in, mit und unter den Worten des Evangelisten spricht Jesus selbst. Aber gerade, weil mir hier Gottes Gebot an mich, an uns alle begegnet, kann ich zunächst darauf nur mit dem Gebet des Zöllners im Tempel (Lukas 18,13) antworten: »Gott sei mir Sünder gnädig.«

Ein Katechismus der Verfolgten

Vielleicht sollten wir, um im Erfassen dieses wahrhaft »anstößigen« Textes voranzukommen, gründlicher als bisher *zurückfragen, was die sogenannte »Bergpredigt« des Matthäus eigentlich darstellt.* Sie ist im Neuen Testament ja ein relativ später Text, entstanden etwa zwischen 80 und 90 nach Christi Geburt als eine katechismusartige Zusammenfassung von Grundworten der Predigt Jesu. Diese stellte Matthäus aus älteren Quellen der Jesus-Überlieferung zusammen. Die Bergpredigt ist für Matthäus die »messianische Tora«, Christi Gebot in der Form eines Katechismus.
Der Blick des Evangelisten ist in ausschließlicher, radikaler Weise

auf die Gottesherrschaft und den Messias Jesus, mit dem diese anbricht, gerichtet – darin noch ganz mit Jesus selbst verbunden, der das Reich mit seinem Wirken bereits gegenwärtig im Anbruch sah. Für den Evangelisten ereignet sich die verborgene Gegenwart der Gottesherrschaft, die für ihn mit der Gegenwart Jesu identisch ist, im bedingungslosen, man darf wohl sagen, rigorosen Gehorsam gegenüber Jesu Geboten und in der Gemeinschaft in seinem Namen (18,20).

Seine Gemeinde ist eine unterdrückte, diffamierte, verhaßte und verfolgte, und die Bereitschaft zum Martyrium um des Wortes Jesu willen ist eine der selbstverständlichen Konsequenzen der neuen endzeitlichen, messianischen Gottesgebote (10,22.28). Von der Mitwirkung der Christen an der Erhaltung und Ausweitung des Friedens zwischen den Reichen der Welt im *politischen* Sinne kann daher bei Matthäus nicht die Rede sein – es sei denn, durch ihre Fürbitte.

Eine Volkskirche, deren Glieder teilhaben an einer demokratisch verstandenen Machtverwaltung oder auch nur eine Obrigkeit im Sinne von Römer 13 »zur Strafe über den, der Böses tut«, ist noch nicht bzw. nicht mehr im Blickfeld des Evangelisten. Das ganze Interesse des Evangelisten Matthäus gehört der Bewährung in der Verfolgung und der Abwehr der Verführung innerhalb und außerhalb der Gemeinde; denn das Überhandnehmen der Gesetzlosigkeit läßt »die Liebe in vielen erkalten« (24,13).

Die Situation der Kirche des Matthäus ist so eine andere als heute in Westeuropa, und besonders im satten, selbstgefälligen Westdeutschland. Wir sollten das zumindest bedenken, wenn wir uns auf Matthäus 5–7 berufen. Freilich wäre dann gleichzeitig zu bedenken, daß es genügend christliche Kirchen im Westen, Osten und Süden gibt, deren Lage durch Unterdrückung, Verfolgung und Erpressung der Gemeinde des Evangelisten nähersteht: Die Kirche Christi wurde ja in diesem fortschrittlichen Jahrhundert blutiger verfolgt als in ihrer ganzen Geschichte zuvor. Vielleicht sollten wir unter diesem Gesichtspunkt gründlicher darüber nachdenken, wem die Seligpreisungen im Sinne des Evangelisten heute am ehesten gelten.

Auf der anderen Seite bedeuten für Matthäus der Gewaltverzicht und die äußere Ohnmacht nicht Machtlosigkeit. Denn die diffamierte, verhaßte und verfolgte Gemeinde weiß, daß dem Auferstandenen »alle Macht im Himmel und auf Erden gegeben ist« (28,18); darum kann sie jetzt – wie der Meister in Gethsemane – auf »Engellegionen« verzichten und den Gebrauch des tötenden Schwertes, das auf den, der es zieht, zurückfällt, abwehren. Denn der radikale Umsturz aller Dinge, die Parusie des Menschensohnes ist nahe und bringt die endgültige Scheidung.

Jene »guten Werke«, die – da die Rechte nicht weiß, was die Linke tut – nie Grund zum Selbstruhm werden (6,3), geschehen spontan und ohne Zwang. Sie haben missionarische Wirkung, gewiß, verhindern aber doch nicht, daß die Ungerechtigkeiten, Verführung und zugleich der Haß gegen die Christen zunehmen und »die Liebe erkaltet« (24,12). Gleichzeitig geschieht weltweite Mission auf das nahe Ende hin. Wann und wo die Gebote der Bergpredigt wirklich *zureichend* erfüllt werden und wer sie tut, das weiß Gott allein. Die echten Täter wissen es – gerade nach Matthäus – selber nicht (25,38 ff.).

Ein Stachel im Fleisch der Christenheit

Eine einfache Lösung im Umgang mit der Bergpredigt gibt es nicht. Diese »harte Rede« führt uns vielmehr, wenn wir sie in ihrem Kontext des Matthäusevangeliums ernst nehmen, unweigerlich in schwere Aporien. Ich wüßte nicht, wie man sich froh und frei sozusagen »guten Gewissens« auf sie berufen könnte. Sie richtet uns unbarmherzig. Sie bleibt – ob wir es wahrhaben wollen oder nicht – ein »Stachel im Fleisch der Christenheit.«

In der Diskussion um die Erhaltung des Völkerfriedens unter Bedrohung der Menschheit durch die seit dem Zweiten Weltkrieg entwikkelten Massenvernichtungswaffen sollten wir – ganz gleich, welchen Standpunkt wir vertreten – nicht allzu schlicht einfach auf sie verweisen und uns erst recht nicht in ihrem Namen preisen, sondern uns um konkretere und zugleich bescheidenere Argumente bemühen, die dann weniger pathetisch, dafür aber überzeugender klingen. Der dringend notwendige Dialog unter den verschiedenen Gruppen über Wege zur Sicherung des Friedens wird durch das biblizistisch verbrämte Selbstlob selbsternannter »Friedensmacher« nicht gefördert.

Es mag freilich sein, daß der Heilige Geist, der weht, wo und wann er will, durch das eindringliche Wort des Bergpredigers auch den politisch Verantwortlichen je und je Einsicht, Besonnenheit, Standvermögen und Mut zu unpopulären, aber notwendigen Entscheidungen schenkt, die dem Frieden dienen und Gewalt abbauen, Entscheidungen, die letztlich immer im Gewissen des einzelnen vor Gott verantwortet werden müssen. Jedoch bedürfen unsere von uns selbst gewählten politischen Repräsentanten dazu mehr unserer täglichen Fürbitte, als unseres über der Bergpredigt erhobenen Zeigefingers. Die in einer Demokratie notwendige Kritik jedes Bürgers wird dadurch nicht ausgeschlossen; es geht hier nur um die Frage, ob jene drei Kapitel eine geeignete Grundlage dafür abgeben. *Als Basis für selbstsichere Vorhaltungen gegenüber unseren Nächsten inklusive den sogenannten – heute schwerlich mehr beneidenswerten – »Mächtigen« eignet sich Matthäus 5–7 kaum. Vielleicht sollten wir die Lektüre dieser drei Kapitel nicht mit den Seligpreisungen, sondern mit Kapitel 7,1–5, beginnen: »Richtet nicht, auf daß ihr nicht gerichtet werdet.« Das schließt jeden Mund und mahnt zur Einkehr.*

Das alles klingt wenig befriedigend. Aber ich weiß nicht, wie man diesen Text befriedigend bewältigen könnte. Befriedigend wäre das, was zufriedenstellt. Die Bergpredigt will aber in keiner Weise unserer Zufriedenheit dienen. Sie deckt vielmehr unsere heillose Selbstsucht. Sie läßt sich weder bewältigen, noch »vergewaltigen«. Sie übt »selbst Gewalt«, und zwar so, daß sie uns »überwältigt«.

Das ist jedoch, Gott sei Dank, nicht das letzte Wort zu Matthäus 5–7. Denn auch der Evangelist selbst weiß, daß der Glaubende allein aus der *Vergebung* lebt. Er sagt dies nicht nur in der 5. Bitte des Vaterunsers (6,12), sondern mit der ersten theologisch gefüllten Aussage über Jesus im Evangelium (1,21): »Dieser wird sein Volk von seinen Sünden retten«, und noch einmal durch den abschließenden Höhepunkt der Einsetzungsworte beim Abendmahl: »Trinket alle ... denn das ist mein Bundesblut, das für viele vergossen ist zur Vergebung der Sünden« (26,28).

Das weist weiter auf den Weg Jesu zum Kreuz. Innerhalb dieser Klammer der Vergebung der Sünden steht auch die Bergpredigt. Allein unter der Voraussetzung dieser Klammer können wir es wagen, uns ihr zu nähern, und das nur »mit Furcht und Zittern«.

Erst, wenn wir dies wirklich begriffen haben, wird es uns möglich sein, darüber sinnvoll nachzudenken, in welcher Weise von ihr indirekt positive Impulse – auch für unser politisches Handeln – ausgehen können.

2. Zur »Friedensverantwortung« des Moderamens des Reformierten Bundes – Kritische Stellungnahme eines reformierten Pfarrers

von Dr. Theodor Lorenzmeier, Bad Salzuflen

Das »Moderamen des Reformierten Bundes« hat eine von ihm beschlossene Erklärung veröffentlicht. »Das Bekenntnis zu Jesus Christus und die Friedensverantwortung der Kirche« (Gütersloher Verlagshaus Gerd Mohn, Gütersloh 1982). Dieses Bekenntnis bedarf der kritischen Überprüfung.

In der Erklärung heißt es: »Dieses Bekenntnis unseres Glaubens«, nämlich daß Jesus Christus unser Friede ist etc., »ist unvereinbar mit der Meinung, die Frage des Friedens auf Erden unter den Menschen sei eine politische Ermessensfrage und darum unabhängig von der Friedensbotschaft des Evangeliums zu entscheiden« (S. 6).

». . . die Frage des Friedens auf Erden«. Was ist damit gemeint? Hier bereits zeigt sich, daß diese Formulierung das wirkliche Problem eher verbirgt als zeigt. *Bei Lichte besehen, handelt es sich dabei um die Frage, wie dem Frieden auf Erden am besten gedient sei. Unter Christen ist ja nicht strittig, daß uns von Gott aufgegeben ist, friedfertig zu sein, für den Frieden zu sorgen und also das zu tun, was dem Frieden dient. Strittig aber ist, was dem Frieden wirklich dient.*

Das Moderamen hat zu dieser Sache bzw. zu diesem Thema seine Meinung gesagt und seine Thesen vorgelegt. Sie wollen bedacht und geprüft sein.

Zu den konkreten politischen Forderungen der »Erklärung« des Moderamens

In der »Erklärung« heißt es: »Im Gehorsam gegen den Gott des Friedens und der Gerechtigkeit wollen wir uns einsetzen für einschneidende Kürzungen der Rüstungshaushalte zugunsten der Armen. Im Vertrauen auf ihn sind wir bereit zu ersten, auch einseitigen Schritten der Abrüstung, deren politische Durchsetzung wir fordern und voranbringen wollen. Solche ersten Schritte sind:

- die grundsätzliche Verpflichtung, Konflikte ohne Anwendung oder Androhung von Gewalt lösen zu wollen;
- der Verzicht auf immer neue Waffen . . .« (S. 8).

Ich beschränke mich darauf, zu diesen beiden Forderungen Stellung zu nehmen. Zunächst dies: Mir ist unverständlich, was das heißen soll: »Im Vertrauen auf ihn«, nämlich Gott, »sind wir«, nämlich das Moderamen, »bereit zu ersten, auch einseitigen Schritten der Abrüstung«. Heißt das, das Moderamen sei bereit, sozusagen anstelle der Bundesregierung die Abrüstung der Bundesrepublik Deutschland schrittweise zu vollziehen? Oder heißt das, das Moderamen sei bereit, im Vertrauen auf Gott sich selbst schrittweise abzurüsten? Offensichtlich ist weder das eine noch das andere gemeint. Diese Erklärung der Bereitschaft zur Abrüstung ist also unsinnig.
Die erste Forderung also lautet, daß der Staat – denn der ist ja wohl als Adressat gemeint – *sich grundsätzlich verpflichten soll, »Konflikte ohne Anwendung oder Androhung von Gewalt lösen zu wollen«.* Dazu ist zu sagen: Diese Verpflichtung besteht bereits. Nahezu alle Staaten der Welt, *nämlich sämtliche Mitgliedsstaaten der Vereinten Nationen sind verpflichtet, auf Gewaltandrohung oder Gewaltanwendung in zwischenstaatlichen Beziehungen zu verzichten – entsprechend der Charta der Vereinten Nationen.* Zugestanden wird in dieser Charta lediglich das Recht auf Selbstverteidigung in einem engen Rahmen. Diese bestehende Verpflichtung ist übrigens nicht nur eine *grundsätzliche,* die Ausnahmen erlaubt, sondern eine *strikte,* d. h., die »Erklärung« des Moderamens, die eine grundsätzliche Verpflichtung zum Gewaltverzicht als Forderung erhebt, fordert weniger als das, was bereits Gültigkeit hat. Daß diese Verpflichtung noch keine Garantie dafür ist, daß sie auch eingehalten wird, ist offenkundig. Mit feierlichen Resolutionen und Deklarationen allein ist es offenbar nicht getan.
Die zweite Forderung lautet: »der Verzicht auf immer neue Waffen«. Diese Forderung ist politisch irrational und menschlich unverantwortbar – ganz abgesehen davon, daß dieser Verzicht kein Schritt der Abrüstung, sondern der Verzicht auf Nachrüstung ist.
Sie ist *politisch irrational, wenn ein bewußt einseitiger Verzicht* – und der ist hier gemeint – *auf immer neue Waffen eine waffentechnische Unterle-*

genheit zur Folge haben würde. Es würde der Effekt einer sinnvollen Verteidigungsbereitschaft verhindert, nämlich die Verhütung eines Krieges. Sie setzt eine Friedfertigkeit des Gegners voraus, die mehr als fraglich ist. Denn sonst wäre bereits ein Vertrag über Rüstungskontrolle zustande gekommen mit dem Zweck, ein Gleichgewicht der Kräfte herzustellen. Ein bewußt einseitiger Verzicht macht die eigene Verteidigungsbereitschaft unglaubwürdig und liefert den eigenen Staat zumindest einer möglichen politischen bzw. militärischen Erpressung durch den gegnerischen Staat aus. Gegebenenfalls könnte er kraft seiner militärischen Überlegenheit seine Forderungen gewaltsam durchsetzen, ohne dabei eine bedrohliches Risiko einzugehen.

Diese Forderung ist aber auch menschlich unverantwortbar. Kein verantwortungsbewußter und in verantwortlicher Position stehender Politiker oder militärischer Befehlshaber darf die eigenen Soldaten bewußt der waffentechnischen Überlegenheit des Gegners ausliefern. Konkret: Er müßte sonst z.B. beim bewußt einseitigen Verzicht auf atomare Bewaffnung bereit sein, seine konventionell ausgerüsteten Soldaten in das Feuer eines – durchaus begrenzt geführten – Atomkrieges zu schicken bzw. einem »Atomschlag« auszuliefern. Er müßte bereit sein, falls es nicht zu einem »Atomschlag« kommt, bewußt seine Soldaten mit ihren waffentechnisch unterlegenen Panzern, Flugzeugen, Kriegsschiffen etc. einem Gegner auszuliefern, der sie kraft seiner waffentechnischen Überlegenheit ziemlich risikolos vernichten könnte. Lapidar gesprochen: *Er müßte bereit sein, entweder von vornherein zu kapitulieren oder bewußt seine Soldaten als »Kanonenfutter« zu opfern. – Ich möchte fragen: Wer kann das als Christ verantworten?*

Weiter wäre zu bedenken: *Der Effekt eines bewußt einseitigen Verzichts auf Atomwaffen wäre genau umgekehrt, wie gewünscht: Er kann einen Atomkrieg eher ermöglichen, da er für den Gegner ziemlich risikolos wäre.* Und der Effekt einer waffentechnisch unterlegenen Streitmacht wäre ebenfalls genau umgekehrt wie gewünscht: Eindeutige Unterlegenheit kann einen konventionellen Krieg *eher* ermöglichen, da er ebenfalls für den Gegner ziemlich risikolos wäre.

Ich fasse zusammen: Die angeblich aus dem Bekenntnis des Glaubens abgeleitete politische Forderung des Verzichts auf immer neue Waffen ist unverantwortbar. *Es ist absurd zu sagen, »daß der Staat zur verantwortlichen Ausübung staatlicher Macht der angemessenen Machtmittel bedarf, um Unrechtsakte einzelner Menschen oder ganzer Staaten zu verhin-*

dern« (S.26) – wie es in der Erklärung heißt –, *wenn zugleich gefordert wird, ihm die nötigen Machtmittel zu verweigern.*
Der – wenn ich das einmal so nennen darf – »partielle Pazifismus«, der in der »Erklärung« zum Ausdruck kommt, ist in sich widersprüchlich und inkonsequent. *Wer dem Staate das Verteidigungsrecht zuerkennt, kann nur für eine wirkungsvolle Verteidigung sein. Ich meine, daß in dieser Hinsicht ein »radikaler Pazifismus«, der jede Waffenanwendung zwischen den Staaten ablehnt, weniger widersprüchlich und wesentlich konsequenter ist.*

Zum Staatsverständnis der »Erklärung«

In der »Erklärung« heißt es: »Wir erblicken den Auftrag des Staates darin, für den Schutz des Lebens, für Frieden, für wahre Freiheit, für Recht und Gerechtigkeit zu sorgen« (S.25).
So weit, so gut. Aber dann heißt es weiter: »Ein solcher Staat« – gemeint ist wohl: ein Staat, der diesen Auftrag wahrnimmt – »kann anerkannt werden ›als ein von Gott in seiner Gnade gebrauchtes Mittel zur Erhaltung des Lebens der Menschen . . .‹ (Frankfurter Erklärung der Kirchlichen Bruderschaften 1958)« (S.25).
Wohlgemerkt: Ein solcher Staat, der das Rechte tut, *kann* anerkannt werden, was doch besagt, daß er nicht anerkannt werden *muß*. Wiederum, mir ist das unverständlich. *Ist es etwa nicht Pflicht eines jeden Christenmenschen, einen solchen Staat anzuerkennen »als ein von Gott in seiner Gnade gebrauchtes Mittel zur Erhaltung des Lebens der Menschen«?* Man *muß* ihn anerkennen, *sofern man überhaupt einen Staat anerkennen und das heißt zugleich: auf seine Pflichten hin ansprechen will.*
Weiter heißt es: »Auch als Christen können wir einräumen« – und dann folgt der schon zitierte Satz –, »daß der Staat zur verantwortlichen Ausübung staatlicher Macht der angemessenen Machtmittel bedarf, um Unrechtsakte einzelner Menschen oder ganzer Staaten zu verhindern« (S.26).
Man bedenke: »Auch als Christen *können* wir *einräumen . . .«* Hierzu kann ich nur – man verzeihe mir – ironisch sagen: Das Moderamen des Reformierten Bundes geruht *einzuräumen,* »daß der Staat zur verantwortlichen Ausübung staatlicher Macht der angemessenen Machtmittel bedarf«! Ohne Ironie: Die Sprache verrät den Unwillen,

daß man dem Staate »einräumen«, also zugestehen muß, was ihm – jedenfalls nach biblischem und reformatorischem Verständnis – unbestritten zusteht. Anders gesagt: Hier wird dem Staate »eingeräumt«, daß er Staat sein darf.

Diese Sprache erweckt den Verdacht, daß hinter dieser Formulierung eine Ideologie steht. Wie dem auch sei, die sich fortschrittlich gebärdende Ideologie eines »Staates der Gewaltlosigkeit« verweist den Staat in das Reich der Utopie. Wer dieses Staatsverständnis vertritt, huldigt – in der Sprache der Reformation gesprochen – dem Geist des Schwärmertums. Er verwechselt das Reich dieser Welt mit dem Reich Gottes. Er huldigt ferner einer unbiblischen und unreformatorischen Anthropologie – einer Lehre vom Menschen, die verkennt, daß der Mensch allemal der Staatsgewalt bedarf, damit das »Böse«, das von Natur aus eben auch in ihm steckt, in Schranken gehalten wird (vgl. Römer 13).

Weiter heißt es in der »Erklärung«: *»Wo der Staat verlangt, was gegen Gottes Gebot ist, wo er sich Autorität und Macht anmaßt,* die Gott allein zukommen, wo er zu seiner Machterhaltung Recht und Gerechtigkeit mit Füßen tritt und *wo er Massenvernichtungsmittel in seine Machtmittel einbezieht – da wird er zu einer solchen widergöttlichen Gewalt«,* nämlich »zum Handlanger und Vollstrecker des Bösen . . . (vgl. Offenbarung 13)« (S.26).

Von diesen widergöttlichen Gewalten sind ja nun viele auf dem Plan, nämlich alle Staaten, die beispielsweise über Atomwaffen verfügen bzw. in ihre Verteidigungskonzeption eingeplant haben. Ich konstatiere, daß demzufolge die USA und die Sowjetunion und vermutlich sämtliche »NATO-Staaten« und Staaten des »Warschauer Paktes« – und was weiß ich für Staaten – widergöttliche Gewalten sind.

Ich konstatiere, daß demzufolge auch unser Staat – und um den geht es hier ja zunächst – eine »widergöttliche Gewalt« ist. In der Sprache der Apokalyptik gesprochen: Da ist »das Tier aus dem Abgrund« bereits auf dem Plan. In einem solchen Staat leben wir also!

Man mag hier – wie an anderen Stellen meiner Stellungnahme – einwenden, das sei doch alles nicht so gemeint. Wenn das der Fall sein sollte, frage ich: Warum ist es dann so gesagt worden? *Sollte das etwa der Stil theologischen oder kirchlichen Redens sein, daß man nicht beim Wort genommen werden darf, weil man etwas sagt, was nicht beim Wort zu nehmen ist?*

Die »Erklärung« begründet ihre Thesen mit dem Bekenntnis des Glaubens, der sich zur Versöhnung der Welt mit Gott bekennt. *Die theologische Aussage, daß Gott die Welt mit sich versöhnte, wird in einer kurzschlüssigen und – wie ich meine – fatalen Argumentation umgemünzt zu einer politischen Aussage.*

Es heißt in der »Erklärung«: »In Jesus Christus hat Gott allen Menschen Frieden gewährt. In der Versöhnungstat Jesu Christi begründet er die neue Wirklichkeit. Die ganze Welt ist mit Gott versöhnt. In dieser Wirklichkeit leben wir. Ihr sollen wir durch unser ganzes Leben im Glauben und im Gehorsam entsprechen« (S. 7).

Weiter heißt es: »In Christus sind wir alle mit Gott und darum auch miteinander versöhnte Menschen, die sich nicht wie Unversöhnte meiden, bedrohen, abschrecken oder gar vernichten dürfen (S. 7).

Im Stile dieser Argumentation könnte fortgefahren werden: In Christus sind wir alle miteinander versöhnte Menschen, die sich nicht wie Unversöhnte verhalten dürfen, die einander mit einem Prozeß drohen und vor Gericht – gar vor einem kirchlichen Gericht! – einen Rechtsstreit austragen. Miteinander versöhnte Menschen bedürfen nicht des Gerichts.

So etwa könnte man im Stile dieser Argumentation fortfahren – durchaus logisch. Nur, die Verhältnisse, genauer: die Menschen, sie sind nicht so. Wir Menschen sind nicht so.

Diese ganze Argumentation ist hinfällig, um nicht zu sagen unsinnig, wenn man fragt, wo und wie denn unsere irdische Welt sich in dieser Weise als versöhnte Welt darstellt. *Hier wird die Wirklichkeit unserer Welt verleugnet. Da wird so geredet, als sei mit der Versöhnung, die Gott in Christus bewirkt hat, unsere irdische Welt eine andere geworden, eine Welt, in der alle als miteinander versöhnte Menschen leben.* Da wird so geredet, als seien wir bereits erlöst von allem Bösen. Da wird so geredet, als sei das »Reich Gottes« sozusagen eine menschliche Möglichkeit. Ich frage: Was ist das für eine Anthropologie, die sich hier kundtut?

Der theologische Kurzschluß dieser Argumentation ist offenkundig. Es kommt zu einer heillosen Verwirrung von »Frieden Gottes« und »Frieden auf Erden«, von Theologie und Politik, von Kirche und Staat – zum Schaden beider.

Um jedes Mißverständnis zu vermeiden: *Ich meine natürlich nicht, die Kirche habe zu allem zu schweigen, was der Staat sagt oder tut. Ganz im Gegenteil. Nur – das, was von der Kirche gesagt wird oder zu sagen ist, muß qualifiziert und im Mandat der Kirche begründet sein.*

Lassen Sie mich hier – vereinfachend – sagen, wie ich die ganze Angelegenheit der »Erklärung« betrachte, in der es letztlich ja nicht um die »Frage des Friedens« geht, sondern um das absolute »Nein« zu Massenvernichtungsmitteln.

Da ist ein tiefes Unbehagen, daß unsere Welt voller Atomwaffen ist. Da ist die Furcht oder Angst, es könne zu einem alles verwüstenden Krieg kommen. Da ist der Wunsch nach einer weniger bedrohten Welt, einer Welt ohne Atomwaffen. Wer hätte ihn nicht? Aber da sie nun einmal vorhanden sind und kein Wunsch sie wegzaubern kann, wird gefordert, sie aus der Welt zu schaffen. Um dieser Forderung, die sozusagen eine Forderung der reinen Vernunft ist, Nachdruck zu verleihen, wird das Glaubensbekenntnis bemüht.

Diese Forderung zu realisieren erweist sich, wie bekannt, als außerordentlich schwierig – falls es überhaupt gelingt, sie zu realisieren, was ich bezweifle. *Es ist ja nicht damit getan, daß man Atomwaffen ablehnt. Sie sind da. Und was da ist, wird nicht dadurch aus der Welt geschafft, daß man es negiert, daß man nein dazu sagt.* Das Problem ist doch, wie sie aus der Welt geschafft werden können, d.h., alle Staaten nicht nur zum Abschluß eines Vertrages zu bringen, in dem sie sich zur Abschaffung der Atomwaffen verpflichten, sondern auch dazu, dieser Verpflichtung tatsächlich nachzukommen, d.h. die Atomwaffen abzuschaffen. Selbst wenn das gelänge, bliebe das Risiko der Atomwaffen bestehen. Sie sind jederzeit wieder herstellbar. Die Formel der Herstellung ist bekannt und kann nicht abgeschafft werden.

Wir müßten es also, wie ich meine, lernen, mit den Atomwaffen zu leben – ohne daß es zu einer Vernichtung menschlichen Lebens kommt. Wahrhaftig, ein außerordentlich schwieriger Lernprozeß, bei dem ungewiß bleibt, ob er zum gewünschten Erfolg führt. Eine geradezu ungeheure Aufgabe ist uns Menschen da gestellt. Und die Kirche wäre gefordert, meine ich, gerade hier das Ihre zu tun, nämlich den Geist des Friedens zu verkünden und zu vermitteln – antik gesprochen: »Dämonen« auszutreiben. Eben das ist ihr Mandat, aber nicht das, Weltpolitik zu betreiben.

Da nun die Forderung nach allgemeiner Abschaffung der Atomwaffen bislang zu keinen Erfolg geführt hat, fordert die »Erklärung«, unser Staat möge erste Schritte der Abrüstung tun, indem er – einseitig – auf die Herstellung immer neuer Waffen verzichtet. Da diese Forderung aber rational nicht zu begründen ist – wie meine Analyse der betreffenden Forderung ergeben haben dürfte –, bemüht man nun abermals das Glaubensbekenntnis, um diese seine politische Forderung wenn schon nicht einsichtig, so doch absolut verbindlich zu machen. *Mir scheint also: Nicht die Erkenntnis des Glaubens hat zu den Forderungen geführt – wie sollte sie auch? –, sondern die politischen Forderungen, die man für notwendig hält, werden zu Forderungen des Glaubens bzw. des Bekenntnisses gemacht. Da wird erklärt, der »status confessionis« sei gegeben.*

Zum »status confessionis«

In der Erklärung heißt es: »Jetzt, da stärker als zuvor die Möglichkeit des Atomkriegs zur Wahrscheinlichkeit wird, erkennen wir: Die Friedensfrage ist eine Bekenntnisfrage. Durch sie ist für uns der status confessionis gegeben, weil es in der Stellung zu den Massenvernichtungsmitteln um das Bekennen oder Verleugnen des Evangeliums geht« (S. 6). Den Massenvernichtungsmitteln »gilt von seiten der Christen ein aus dem Bekenntnis zu Gott dem Schöpfer, Versöhner und Erlöser gesprochenes bedingungsloses ›Nein!‹, ein ›Nein ohne jedes Ja‹« (S. 9).

Mit anderen Worten: Das Bekenntnis fordert eine bekennende Kirche, die sich dadurch als wahre Kirche kundtut, daß sie zu den Massenvernichtungsmitteln ein bedingungsloses »Nein« sagt. *Was not tut, wäre demnach eine bekennende Kirche, deren Bekenntnis ein eindeutig politisches ist, und zwar das Bekenntnis zu der politischen Meinung, ein einseitiger Verzicht auf den Besitz von Atomwaffen würde ihren Einsatz verhindern und dem Frieden dienen.* Hier wird also gefordert, eine politische Meinung, wie sie etwa eine Partei vertreten mag, habe als Bekenntnis der Kirche zu gelten.

Nach allem, was ich in dieser Sache an offiziellen kirchlichen Verlautbarungen gehört und gelesen habe, lehnen die anderen Gliedkirchen der EKD die Thesen des Moderamens entschieden ab.

Ich habe vom Moderamen gesprochen und nicht von der Reformierten Kirche in Deutschland. Denn *die »Erklärung« ist bislang jedenfalls nicht eine »Erklärung« der Reformierten Kirche, sondern des Moderamens, das meines Erachtens nicht dazu legitimiert war, namens der Reformierten Kirche zu sprechen* – was es, wenn ich recht informiert bin, auch nicht behauptet.
Auch wenn das Moderamen nicht im Namen der Reformierten Kirche die »Erklärung« abgegeben hat: In der Öffentlichkeit wird die »Erklärung« so betrachtet. Ich bitte darum die Kirchenleitung unserer Landeskirche in Wahrnehmung ihrer Verantwortung für unsere Kirche um eine entsprechende Richtigstellung in der Öffentlichkeit.

3. »Rüstung tötet Kinder« – Demagogie oder Wahrheit?

von Diplomvolkswirt Werner Steinjan

Jeder von christlichen Gedanken bewegte Mensch ist zutiefst beunruhigt von dem Hunger in weiten Teilen der Entwicklungsländer. Das Nachdenken über die Ursachen dieser Nöte und über mögliche Hilfen ist gewiß ebenso nötig wie eine nüchterne politische Besinnung über die Wege zur Erhaltung des Friedens und zu einer weltweiten Abrüstung. Erschrecken muß es aber, wenn solches Nachdenken verdrängt wird durch eine agitatorische Ausbeutung des Hungerproblems für die Emotionalisierung der Friedensproblematik. Die Lösung beider Probleme wird blockiert, wenn nicht in nüchterner Analyse die Ursachen erkannt und hilfreiche Schritte zu ihrer Überwindung gemacht werden.
Zwar wird gewiß der Hunger vermehrt, wenn Diktatoren in Hungerländern ihre knappen Devisen für modernste Waffensysteme zur Sicherung ihrer eigenen Herrschaft statt für die Entwicklung ihres Landes verwenden. Unsere Beteiligung am internationalen Waffenhandel muß darum (auch wenn er nur 2,3% des Weltwaffenhandels beträgt) strenger staatlicher Überwachung unterworfen bleiben. Die

Parole »Rüstung tötet Kinder« ist aber bei uns nicht an die Adresse diktatorischer Machthaber gerichtet. Es sollen damit die für unser demokratisches Staatswesen erforderlichen Verteidigungsanstrengungen als Verbrechen an Kindern armer Länder diskreditiert werden.
Es ist darum unerläßlich, zu prüfen, in welchem Verhältnis Ursachen und Wirkungen des Hungers in der Welt und unsere Verteidigungspolitik zueinander stehen. Obwohl dies auf wenigen Seiten nur unvollständig klargelegt werden kann, soll dazu auf den folgenden Seiten doch wenigstens eine Problemskizze versucht werden.

Die Anklage

Dorothea Sölle hat auf dem Deutschen Evangelischen Kirchentag in Hamburg erklärt, wir lebten bereits jetzt in einem Krieg der Reichen gegen die Armen, einem Krieg, der mit wirtschaftlichen Mitteln geführt und militärisch abgesichert werde.
»Jeden Tag fallen Tausende in diesem Krieg, sie sterben an Hunger und anderen durchaus heilbaren Krankheiten. Die amerikanische Friedensbewegung hat diese Tatsache in einem einfachen Satz zusammengefaßt: Die Bomben fallen jetzt. Die Aufrüstung ist nicht die Vorbereitung auf einen militärischen Konflikt in der Zukunft, sondern sie ist der Krieg, den wir bereits haben und in dem jeden Tag 15 000 Menschen fallen, weil sie nichts zu essen haben. Der Zustand der absoluten Armut ist nicht auf ein Fehlen von natürlichen Reichtümern oder einen Faktor wie Überbevölkerung zurückzuführen, sondern auf den wirtschaftlichen Krieg, den der Norden gegen den Süden führt. Die Bomben, die wir hier produzieren, fallen jetzt. Auf die Armen.«
Wer nun Beweise für diese ungeheure Anklage erwartet, sieht sich getäuscht. Es kommt nichts, auch nichts in einem späteren Artikel, der sich verwirrenderweise in einer Publikation findet, die sich »Beiträge zur Philosophie und Wissenschaft« nennt. Dort steht der Satz: »Es handelt sich doch bereits jetzt um organisierte Massenvernichtung, wenn jede Minute ein Kind, eins von denen unter zwei Jahren, verhungert.« So geht es auch weiter mit bloßen Behauptungen, ja Be-

schimpfungen, aber keinen Beweisen. Agitation beweist nicht, sie trommelt. Da aber immer etwas hängenbleibt – und damit rechnen die Agitatoren –, ist zu fragen: *Wie steht es tatsächlich um die Behauptung, daß Rüstung Kinder tötet?*

Geißeln der Menschheit

Zunächst: Hunger und Krankheit sind uralte Geißeln der Menschheit. Erst Technik und Industrie haben Hunger als dauernde Bedrohung beseitigt. Noch in der ersten Hälfte des 19. Jahrhunderts war auch in unserem Lande der Hunger, ja Hungerepidemien, fast ständiger Begleiter der Menschen. Werner Sombart hat dafür in seinem um 1900 geschriebenen Buch »Die Volkswirtschaft des 19. Jahrhunderts« ergreifende Worte gefunden. *Inzwischen sind Nahrungsmittel in den entwickelten Industriegesellschaften des Westens im Überfluß vorhanden.* Eine Mißernte berührt kaum den Lebensstandard. Nur in den sozialistischen Wirtschaften kommt es bei der Nahrungsmittelversorgung trotz industrieller Produktionsmethoden immer wieder zu Engpässen.

Die akuten Krankheiten, die früher die meisten Menschen schon in jungen Jahren dahinrafften, sind zurückgedrängt. Als Folge des medizinisch-pharmazeutischen Fortschritts stieg die Lebenserwartung und steigt immer noch. Im 16. Jahrhundert lag sie bei 22 Jahren für Frauen, bei 28 Jahren für Männer. Gegenwärtig beträgt sie bei uns 70 Jahre für Männer und 76 Jahre für Frauen. Dieser Fortschritt hängt mit der im Industriezeitalter einsetzenden Bevölkerungsentwicklung zusammen. Das Gleichgewicht hoher Geburten- und Sterbezahlen geriet zunächst auch in den heutigen Industrieländern ins Wanken. In Deutschland stieg die Bevölkerung von 1800 auf 1900 um das 2,3fache. Das familiale Verhalten paßte sich erst allmählich den gesunkenen Sterbeziffern an.

Inzwischen ist in den Industrieländern die Entwicklung ins Gegenteil umgeschlagen, weit höhere Produktion und niedrige Geburtenzahlen ermöglichen auch einen höheren Lebensstandard – freilich zu Lasten einer damit erneut gefährdeten Zukunft.

Es gibt mehrere Ursachen des Hungers in der Dritten Welt:

1. Zuerst ist eine vorindustrielle Wirtschaft zu nennen, die – so wie das früher auch bei uns war – infolge niedriger Produktivität nur das Allernotwendigste produziert. Bei jeder Mißernte geraten deshalb Menschen unter die Existenzschwelle. *Nach Untersuchungen im Kieler Weltwirtschaftlichen Institut betrug das reale Bruttosozialprodukt bei uns je Kopf im Jahre 1830 etwa 3% des gegenwärtigen. Die gleiche Zahl von Menschen produziert bei uns heute also 30mal mehr als vor 150 Jahren.* Die althergebrachten Produktionsverhältnisse in vielen Entwicklungsländern liegen aber noch unterhalb des Standards, der hierzulande vor 150 Jahren bestand.
2. Das familiale Verhalten der Menschen entsprach durch Jahrzehntausende den hohen Sterberaten. *Noch gegen 1800 starb auch in Deutschland annähernd die Hälfte der Kinder im ersten Lebensjahr (heute sind es nur noch 13 von 1000). Wenn früher die Gemeinschaft ihre Zukunft sichern wollte, mußten damals viele Kinder geboren werden, damit ausreichend viel überlebten.* Die hohe Kinderzahl bedeutete auch sehr früh verfügbare Arbeitskräfte und vor allem Zukunftssicherung. In einer Agrargesellschaft ist es für jeden sichtbar und erlebbar, daß nur eine hohe Kinderzahl die künftige Existenz der Elterngeneration sichern kann.
   Dieses in den Tiefen des Bewußtseins verwurzelte Verhalten ist nicht schnell zu verändern. Es geht schon gar nicht, wenn die Religionsführer, die in den Entwicklungsländern noch überwiegend das Verhalten der Menschen bestimmen, sich einer Anpassung des Geburtenverhaltens widersetzen. Obwohl in Ägypten inzwischen 1000 Menschen auf dem Quadratkilometer besiedelbaren Landes leben (in der Bundesrepublik Deutschland 200), predigen die Mullahs entgegen den Bemühungen der Regierung weiterhin Kinderreichtum. Aber man muß mit Vorwürfen zurückhaltend sein, wenn man an die Schwierigkeiten der römisch-katholischen Kirche mit der Familienplanung denkt. Sie hat großen Einfluß in dem ebenfalls von der Bevölkerungsexplosion geplagten Südamerika.
3. *In die Entwicklungsländer werden heute die Ergebnisse des medizinisch-pharmazeutischen Fortschritts hochentwickelter Industriestaaten exportiert,*

ohne daß es möglich ist, zugleich auch das dazugehörige Bewußtsein mitzuliefern. Das paradoxe Ergebnis einer Wohltat – Bekämpfung von Krankheit und Tod – ist eine Bevölkerungsentwicklung, die mit dem Wort Explosion zutreffend bezeichnet wird. Sie schafft damit neue Not und neues Elend. Bei der gegebenen Entwicklung (knapp 3% Bevölkerungswachstum im Jahr) versiebzehnfacht sich die Bevölkerung in vielen Ländern der Dritten Welt in 100 Jahren. Es ist dann auch nicht verwunderlich, daß die Schwierigkeiten ungleich größer sind als im Deutschland des 19. Jahrhunderts, das ja am Beginn dieser Entwicklung eine weit höhere Stufe der Aufarbeitung des wissenschaftlich-technischen Fortschritts erreicht hatte als die meisten Entwicklungsländer noch heute. Das abendländische Denken war bei uns eben nicht auf die oberen Zehntausend beschränkt.

Der Vorwurf, daß gut Gemeintes dennoch Böses erzeugt, kann nicht einfach abgewiesen werden. Es erscheint unmöglich, das Bewußtsein der Menschen in den Entwicklungsländern schnell genug zu ändern. Die UNO rechnet mit gut 100 Jahren, bis ein neues Gleichgewicht der Bevölkerung der Welt erreicht wird; das ist kurz, verglichen mit der langen »Vorlaufzeit« der westlichen Welt seit dem hohen Mittelalter. *Harte Tatsachen bleiben bestehen, auch wenn Dorothea Sölle souverän befindet, daß der »Zustand der absoluten Armut nicht auf die Fakten Überbevölkerung zurückzuführen ist«. Der Hunger in der Dritten Welt ist in erster Linie auf eine die Wirtschaftsentwicklung überholende Bevölkerungsentwicklung zurückzuführen.* (So der Bericht einer amerikanischen Kommission 1980, der zustimmend registriert wird im Bericht einer Kommission der Vereinten Nationen über den Zusammenhang von Abrüstung und Entwicklung vom Oktober 1981, S. 29).

Hinzu kommen in vielen Entwicklungsländern andere, die Lage verschärfende Nachteile. Bodenbeschaffenheit und Klima setzen enge Grenzen für eine Ausdehnung der Landwirtschaft. Dazu kommen mangelnde Fähigkeit und Bereitschaft der Menschen, rationale Wirtschaftsmethoden aufzunehmen oder auch nur fortzusetzen. Weithin fehlt ein den Familien- oder Stammesverband übergreifender Gemeinsinn. Vielleicht damit zusammenhängend, entstehen Mängel des politischen wie des ökonomischen Managements. Dies zusammen erklärt schon fast alles. Dennoch soll die Frage nach Fremdverschulden damit noch nicht abgetan werden.

Aufwendungen für Rüstung

Wenn die Mittel bei der gegebenen und auch für die Zukunft absehbaren Lage ohnehin nicht ausreichen, ist es dann nicht unverantwortlich, Teile des knappen Sozialproduktes für Rüstung auszugeben? Diese Frage trifft zuerst die Entwicklungsländer selbst, aber ebenso auch die Industrieländer, die offenbar ungewöhnliche Schwierigkeiten haben, die vor Jahren beschlossenen 0,7 v.H. ihres Bruttosozialprodukts als staatlichen Beitrag für die Entwicklungshilfe zu erreichen (Bundesrepublik Deutschland knapp 0,35%, einschließlich privater Leistungen 1,2%).
Bei dem Versuch, sich exakte Zahlen über Rüstung zu verschaffen, stößt man sehr bald auf Grenzen. Sowohl die Kommission der Vereinten Nationen als auch das Friedensforschungs-Institut in Stockholm (Stockholm International Peace Research Institute - SIPRI) kommen zu dem Ergebnis, daß die Daten über militärische Ausgaben unzureichend sind. Das hat wohl seinen zunächst einsehbaren Grund in der Geheimhaltung, mit der Rüstung betrieben wird. Ob die Geheimhaltung auch die Finanzierung umfassen muß, erscheint fraglich. Überzogene Geheimhaltung ist eher friedensgefährdend, weil sie Mißtrauen schürt.
Die Kommission der Vereinten Nationen schätzt die Gesamtausgaben für militärische Zwecke im Jahre 1981 auf ca. 500 Mrd. US-Dollar, gleich etwa 6% des Bruttosozialprodukts der Welt. Das SIPRI Jahrbuch 1981/82 nennt keine solche Globalzahl, bringt aber Zahlen für die einzelnen Länder. Der Anteil der Militärausgaben am Bruttosozialprodukt für 1979 beträgt danach: in der NATO zwischen 1,8% (Kanada) und 5,8% (Griechenland); in den USA 5,2% und in der Bundesrepublik Deutschland 3,3%; im Warschauer Pakt zwischen 2,7% Bulgarien/Polen und 9,6% in der Sowjetunion (für 1977), in der DDR 4,4%; im übrigen Europa zwischen 1,3% Österreich/Finnland und 3,4% in Schweden. Die SIPRI-Angaben über die Rüstung des Warschauer Pakts werden von westlicher Seite als zu niedrig bezeichnet. Die amerikanischen Schätzungen liegen zwischen 11–13% und 14–15% des BSP, britische Schätzungen bei 12–14%, chinesische bei 15%, NATO-Schätzungen bei 12–13% mit einer realen Steigerungsrate von 4% seit 1970.
In den Entwicklungsländern ist die Spannbreite ungleich größer. Für

Hongkong, Sri Lanka und Mexiko werden 0,6% angegeben. Spitzenstellungen haben Israel (19,2%), Jordanien (19,0%), Marokko (8,5%), Mauretanien 11,6% (1977), Zambia 9,2%, Zimbabwe 11,6% und Chile 9,4%.

Israel und Fernost zeigen: Für eine Industriegesellschaft sind Bildung und Ausbildung der Bevölkerung, aber auch eine zusammenfassend als industrielle Disziplin zu bezeichnende Haltung der Menschen entscheidend. Es kann so aus einem Trümmerhaufen im Jahre 1945 in Deutschland ein Wirtschaftswunder werden und aus einer Wüste ein fruchtbares Land.

An diesen wenigen Anmerkungen wird dann allerdings auch deutlich, vor welchen ungeheuren Schwierigkeiten die Entwicklungshilfe steht. In den meisten Ländern existiert weder eine »Industriebevölkerung«, noch kann sie durch Einwanderung hereingeholt werden. Der Weg zum »Industrieverhalten« ist lang – falls überhaupt Bereitschaft besteht, ihn zu gehen. Hier gibt es Beschränkungen, die von außen nicht überwunden werden können.

Das erklärt viel von der Hilflosigkeit, ja Ergebnislosigkeit, bei der nicht nur gut gemeinte, sondern auch gut angesetzte Aktionen oft enden. Das trägt aber auch dazu bei, daß in breiten Schichten in den Industrieländern das Gefühl besteht, Entwicklungshilfe sei ein Faß ohne Boden. Und es ist sicher richtig, daß hohe Rüstungsausgaben von Entwicklungsländern dieses Gefühl bestärken.

Waffenexport

Solcher Art kritisiert, werden aber auch Entwicklungsländer einwenden, daß Rüstung der Sicherung des Landes und damit einer ungestörten Entwicklung des Volkswohlstandes diene. Sie können genügend Beispiele nennen, bei denen mangelnde Rüstung teuer zu stehen gekommen ist.

Der Satz »Wenn die Wölfe ums Grundstück heulen, darf man nicht am Zaun sparen!« hat schon oft seine Berechtigung erwiesen. Von daher verbietet sich eine schnelle Rede, Entwicklungsländer sollten statt Waffen Entwicklungsgüter importieren und schon gar nicht ihre knappen Produktionsmittel mit eigener Waffenproduktion vergeuden. Das mag weithin zutreffend sein, aber es kann auch ganz falsch sein.

Sicherlich ist der Waffenexport in Entwicklungsländer ein besonderes Problem. Dies gilt ganz besonders dann, wenn er wie beim Ostblock-Export den Hauptteil der geleisteten Entwicklungshilfe ausmacht. Nach Angaben der Kommission der Vereinten Nationen betrug der Gesamtexport militärischer Güter im Jahre 1980 etwa 35 bis 45 Mrd. US-Dollar, davon dürften – bei einem seit Jahren steigenden (!) Anteil der Entwicklungsländer gut 80% in Entwicklungsländer gegangen sein. Daran haben allerdings die Mitteloststaaten (zum Teil erdölproduzierende Länder) erheblichen Anteil.
Von den Rüstungsexporten werden 80% insgesamt von den Vereinigten Staaten, der Sowjetunion, Frankreich und Großbritannien (in dieser Reihenfolge) bestritten; inzwischen ist – nach den neuesten Angaben von SIPRI – die Sowjetunion an die erste Stelle gerückt. Im SIPRI-Jahrbuch 1981/82 wird ein privater Autor zitiert, der die »jährlichen Kosten des weltweiten Waffenhandels in den späteren 70er Jahren« auf ca. 120 Mrd. US-Dollar beziffert. Im SIPRI-Jahrbuch 1981/82 (S.143 der deutschen Ausgabe) steht dann ein Satz, auf den möglicherweise die Ausgangsfrage zurückzuführen ist: »Diese riesige Summe (120 Mrd. US-Dollar) zeigt die andere Seite der Rüstungsmedaille: Selbst wenn diese Waffen nicht in einem Krieg verwendet werden, töten sie indirekt, weil knappe Mittel von notwendigen Entwicklungsmaßnahmen wie Ernährung, medizinischer Versorgung, dem Bau von Häusern oder Ausbildungsmaßnahmen abgezweigt werden.« Die Erweiterung bei Dorothea Sölle auf »Kinder« steigert lediglich den emotionalen Effekt. Hier ist also erneut zu fragen: Trifft diese Logik zu?

Rüstung in Konkurrenz mit anderen Verwendungsarten des Sozialprodukts

Es ist unbestritten, daß bei der Entscheidung über die Verwendung des Sozialprodukts letztlich alle Verwendungszwecke miteinander konkurrieren. Es ist Sache der Menschen bzw. souveräner Staaten, über Prioritäten zu entscheiden. An erster Stelle müssen die tatsächlich lebensnotwendigen Güter, also Ernährung und in den kühlen Zonen der Erde Bekleidung, Heizung und Unterkunft rangieren. Das absolut Lebensnotwendige ist bei genauer Betrachtung sehr wenig. Die im Jahre 1830 zur Verfügung stehenden 3% unseres gegenwärtigen Bruttosozialprodukts je

Kopf reichten ja nicht nur, das Leben zu fristen, sondern sie wurden aus der Sicht jener Jahre etwa, verglichen mit dem Elend der Zeit der Napoleonischen Kriege, schon als bescheidener Wohlstand betrachtet. So gesehen ist heute der Entscheidungsspielraum aller Bürger unseres Landes, auch der Armen, sehr groß. Auch der Sozialhilfeempfänger ist heute mit Nahrungsmitteln, Bekleidung, Wohnungsausstattung und vor allem mit Gesundheitsleistungen weit besser versorgt als die Mehrheit der Besitzbürger von 1830.
Andererseits braucht man nicht lange nachzudenken, um zu erkennen, daß wir heute mit 3% des gegenwärtigen Sozialprodukts überhaupt nicht und selbst mit 30% nur sehr mühsam existieren könnten. Aber wir könnten gut auf Luxusgüter verzichten und statt dessen die Entwicklungshilfe aufstocken.
Wir geben über 4% des Bruttosozialprodukts für Genußmittel aus, also mehr als für die Verteidigung unseres Landes. Je nach persönlicher Auffassung läßt sich eine lange Liste unnötiger Konsumausgaben (Ideologen nennen so etwas »falschen Konsum«) aufstellen. Wer aber entscheidet das – einige Agitatoren, ein neuer »Wohlfahrtsausschuß«, die Regierung?
Immerhin steht fest, daß bei den persönlichen Prioritäten, die von der überwältigenden Mehrheit der Bürger gesetzt werden, zwar Unterschiedliches für »unentbehrlich« gehalten wird. Nur ganz wenige aber würden dabei auf das verzichten, was unsere Lebensbedingungen von denen im Ostblock unterscheidet. Einen wirksamen Schutz gegen Eingliederung in diesen Block wünschen fast alle, wenn sie auch Unterschiedliches dafür dranzugeben bereit sind. *Auch wenn es über den Begriff des »Lebensnotwendigen« keine Einigung gibt und wohl auch nie geben wird, ist doch der Spielraum für Hilfe objektiv größer, als es die kläglichen Ergebnisse der Entwicklungshilfe vermuten lassen. Der Spielraum würde sich erst recht vergrößern, wenn höhere Ausgaben für Entwicklungshilfe nicht von einem sinkenden, sondern von einem steigenden Sozialprodukt abgezweigt werden könnten.*

Wie helfen?

Entscheidend für arme Länder sind solche Hilfen, durch die ihre Eigenleistungen, besonders auf dem Gebiet der Landwirtschaft, verbessert werden können.

Das gilt um so mehr, als gerade in den vergangenen beiden Jahren die Einsicht zugenommen hat, daß es noch gar nicht einmal darum geht, z.B. Nahrungsmittel wie überhaupt Konsumgüter in die Entwicklungsländer zu schicken. In der Hauptsache gilt es, die dort vorhandenen Produktionsmöglichkeiten auszuschöpfen, mit einer verbesserten Produktionsleistung auf dem Weltmarkt wettbewerbsfähig und zugleich kaufkräftig zu werden und im Lande die Verteilung zu verbessern. Hier hat ein Umdenkungsprozeß eingesetzt, für die Öffentlichkeit spektakulär durch die Erklärung von Gunnar Myrdal vor zwei Jahren signalisiert: *Gespendete Konsumgüter lähmen die eigenen Produktionskräfte, steigern die Abhängigkeit und führen nach einigen Jahren in noch größere Schwierigkeiten. Eine Ausnahme bleibt die Katastrophenhilfe; sie darf aber nicht zur Dauersubvention ausarten. Die nötige Verbesserung der weltwirtschaftlichen Gleichgewichte würde dadurch keinesfalls erreicht.*

Hierzu hat die gemeinsame Konferenz der Entwicklungsdienste beider Kirchen »Welternährung: Problem und Aufgabe in der dritten Entwicklungsdekade« im April 1982 in Bonn Interessantes beigetragen.

Auf die Ergebnisse dieser Studientagung muß verwiesen werden, da hier nicht der Platz ist, die Entwicklungspolitik im ganzen abzuhandeln. Besonders wichtig ist die Energiefrage.

Man braucht nur auf Indien zu verweisen. Seine schnell wachsende Bevölkerung - in den 20er Jahren 300 Mio., heute 675 Mio., nach Vorausrechnungen im Jahre 2005 gegen 1230 Mio. - hat einen steigenden Energieverbrauch. Das hat zur Folge, daß die schon sehr knappen Waldgebiete weiter abgeholzt werden. Vor 100 Jahren war Indien noch zu 57% von Wäldern und Dschungel bedeckt. 1941 noch zu 45%, 1952 nur noch zu 23%, und heute sind es nicht einmal mehr 10%. »Wir rennen sehenden Auges in die Katastrophe«, sagt ein indischer Umweltschützer. Hier hilft also nur eine wirklich »alternative« Energieversorgung und auf absehbare Zeit Energieimport. *Die von dem Kartell der Ölstaaten kurzfristig durchgesetzte Erhöhung der Ölpreise hat besonders viel zur Überschuldung der Entwicklungsländer beigetragen. Alles, was zur Senkung dieser Preise beiträgt, ist zugleich Entwicklungshilfe.* Ersparnisse der Industrieländer auf diesem Gebiet sind darum auch für die Entwicklungsländer von Bedeutung.

Was bleibt von der Anklage?

Fragen wir zum Schluß noch einmal nach dem Wahrheitsgehalt der Anklagen von Dorothea Sölle:
Die Behauptung, wir lebten in einem Krieg der Reichen gegen die Armen, der mit wirtschaftlichen Mitteln geführt und militärisch abgesichert werde, ist falsch.
Der Wohlstand der Industrieländer und die Armut in den Entwicklungsländern haben andere Ursachen. Ein Blick in die Welthandelsstatistik zeigt die Unsinnigkeit dieser Behauptung. Die Vereinigten Staaten haben einen Außenhandelsanteil von 8% des Bruttosozialprodukts, und der größte Teil davon ist Handel mit Industriestaaten. Der Wohlstand eines Industrielandes ist hausgemacht. Anders gibt es ihn nicht.
Die Wahrheit ist, daß der Hunger in der Dritten Welt zuerst etwas mit der inneren Struktur der Entwicklungsländer und mit einer alle Wirtschaftserfolge überrollenden Bevölkerungsentwicklung zu tun hat. Dieses Problem können die Industrieländer nicht lösen. Aber vielleicht kann in einem gemeinsamen Bemühen unser Beitrag zur Bekämpfung der Not in der Welt verbessert werden. Dazu gehören nicht weniger, sondern mehr Anstrengungen.
Wir sollten deshalb auch mehr darüber nachdenken, wie eine der »industriellen Werkstätten der Welt« ihren Beitrag für die Wohlfahrt der Menschen steigern kann, statt darüber, wie wir mit weniger Anstrengung weiterhin gut leben können. Wir haben gegenwärtig sehr viel Schwierigkeiten mit uns selbst. Aber die unleugbar notwendige Arbeit zu Hause sollte uns nicht davon abhalten, auch für die übrige Welt etwas zu leisten.

4. Stell dir vor, es gäbe Krieg – und keiner ginge hin ...

von Herwig Pickert, Oberstleutnant i. G. im Wissenschaftlichen Beratungsdienst des Deutschen Bundestages

Solchen und ähnlichen Sätzen begegnen wir heute öfters, wo um den Sinn eines Verteidigungsbeitrags und um die Möglichkeiten der Kriegsverhinderung diskutiert wird. Dahinter steht nicht nur das Aufbegehren gegen vermutete Sachzwänge und gegen eine der Rüstung unterstellte Automatik. Nach der Überzeugung mancher Leute führen diese ja zwangsläufig in eine kriegerische Auseinandersetzung zwischen Ost und West. Eine Katastrophe für unser Land, ja vielleicht für die ganze Welt stünde damit vor der Tür. Zugleich verbirgt sich hinter diesem Spruch vor allem die Hoffnung, daß die persönliche Verweigerung, an der Verteidigungsvorbereitung teilzunehmen, schließlich dazu führen müsse, daß ein Krieg nicht mehr stattfindet.
Aber dieses Schlagwort trägt in sich einen logischen Bruch. Es geht ja davon aus, es gäbe einen Krieg, d. h., irgend jemand finge einen Krieg an, dem sich nun die Angegriffenen kollektiv verweigerten.

Demokratie und Gewissensfreiheit

Diese Möglichkeit kollektiver Verweigerung besteht nur in der Theorie. Praktisch hätte sie zur Folge, daß unsere ganze Lebensordnung mit ihren – sicherlich nicht perfekten, aber doch ausbauwürdigen – Freiheiten und Rechten – also auch mit dem Recht der Kriegsdienstverweigerung – von vornherein widerstandslos zur Disposition gestellt würde. Dies widerspricht offenkundig dem erklärten Willen der Mehrheit unserer Gesellschaft, wie er sich nicht nur in den Wahlen und in der dadurch legitimierten Politik manifestiert.
Eine kollektive Verweigerung der Verteidigungsbereitschaft ist also demokratisch nicht legitimiert. Anders sieht das mit dem individuellen Recht aus, den Kriegsdienst mit der Waffe aus Gewissensgründen zu verweigern. Dies gehört sogar zu den wichtigen, von unserer

Verfassung garantierten Grundrechten. Auch die Kirche hat sich zu Recht immer für die Kriegsdienstverweigerer eingesetzt; denn ihr Schutz bedeutet zugleich den grundsätzlichen Schutz der Gewissensfreiheit.
Nur – und dies ist nicht erst seit Bonhoeffer eine anerkannte Tatsache –, das Gewissen kann nie eine kollektive Sache sein, sondern ist eine Frage des einzelnen, eigentlich die Frage an den einzelnen schlechthin.

Verantwortliche Gewissensentscheidung

Zu einer rechten Gewissensentscheidung gehören nicht nur ihre Beweggründe, sondern ganz wesentlich auch das Bedenken ihrer Konsequenzen. Dabei dürfen wir uns auf keiner Seite von Illusionen oder Utopien leiten lassen. Zum Ausgangspunkt unserer Überlegungen gehört also auch die heutige Weltsituation, in der wir den »Frieden wahren, fördern und erneuern« müssen.
»Der Weltfriede wird zur Lebensbedingung des technischen Zeitalters.« Diese Aussage von C. F. von Weizsäcker hat die jüngste »Friedensdenkschrift« der EKD zusammen mit den anderen sog. »Heidelberger Thesen« von 1959 aufgenommen. Kriegsdienstverweigerer, die sich in ehrlicher Gewissensüberzeugung auf Artikel 4, 3 des Grundgesetzes berufen, und die Befürworter des Wehrdienstes im Rahmen und auf der Grundlage des Grundgesetzes sollten sich einig darin sein, daß die Erhaltung des Friedens für beide Seiten das Ziel ist. Als Christen wissen wir darüber hinaus, daß Gott uns zum Frieden berufen hat. Letztlich ist es Gott allein, der der Welt den wirklichen Frieden geben kann. Die Denkschrift der EKD vom November 1981 hat dabei sehr deutlich unterstrichen, daß Friede nicht allein als Abwesenheit von Krieg definiert werden darf. Frieden stellt einen Prozeß dar, der sich für beide – Befürworter und Gegner des Wehrdienstes – in einer den Frieden sichernden und fördernden Politik ausdrücken muß.
Daraus ergibt sich schon, daß unser Denken und Handeln in diesen Fragen nicht allein von gesinnungsethischen Grundsätzen her geprägt sein darf. *Die Wirkungen und Nebenwirkungen, das ganze Geflecht der Folgen, die durch diese Entscheidung des einzelnen ausgelöst wird, müssen in eine gewissenhafte Entscheidung des einzelnen soweit wie möglich einbezo-*

gen werden. Die Gesamtheit aller Folgen sind vor dem Gewissen zu verantworten. Wir müssen uns auf beiden Seiten vor falschen Verbündeten hüten. Es darf weder eine transzendente Überhöhung des Wehrdienstes, also ein Segnen der Waffen oder eine Wiederbelebung der Lehre vom »gerechten Krieg« geben, noch rein ideologische Motive, die zwar »Wehrdienstverweigerung« und »Frieden« sagen, in Wirklichkeit aber den Staat und die Gesellschaftsordnung verneinen. Als Christen sind wir – ungeachtet unserer Position in der Frage des Wehrdienstes – in die Verantwortung für unser Gemeinwesen und seine Weiterentwicklung gestellt, nicht aber zu seiner »Umfunktionierung« entgegen den Intentionen des Grundgesetzes aufgerufen.

»Kriegsdienstverweigerung kann eine christliche Handlungsweise sein«

Die EKD-Denkschrift »Frieden wahren, fördern und erneuern« fordert mit den »Heidelberger Thesen«, den Waffenverzicht »als eine christliche Handlungsweise anzuerkennen«. *Für den Kriegsdienstverweigerer steht dahinter u.a. die Überzeugung, daß das von Gott gegebene Leben des anderen Menschen – und damit auch des potentiellen Gegners – ein unverletzliches Gut ist.* Darüber hinaus wird für ihn das Tötungsverbot der Zehn Gebote noch durch das Gebot der Feindesliebe verstärkt. Damit sei es einem Christen nicht möglich, potentiell oder tatsächlich an Handlungen teilzunehmen, die das Leben eines anderen bedrohen. *Eine auf solchen Überzeugungen beruhende Gewissensentscheidung müssen wir akzeptieren, auch wenn wir selbst anderer Auffassung sind;* denn das Gewissen ist nicht nachprüfbar. Gleichzeitig hat eine sorgfältige Gewissensprüfung zu bedenken,

- daß das fünfte Gebot sich trotz der Einschätzung des menschlichen Lebens als eines der höchsten Güter in seinem ursprünglichen Sinn allein auf Mord – nicht auf Verteidigung des Lebens, des Rechtes und der Freiheit – bezieht;
- daß wir die Bergpredigt bei anderen persönlichen und gesellschaftlichen Auseinandersetzungen keineswegs als bindende Norm betrachten;
- ob wir die Bergpredigt so selektiv auf die Frage des Wehrdienstes verkürzen dürfen;

- ob mit solchem Verständnis der Bergpredigt nicht unentbehrliche Bestandteile der gesellschaftlichen und wirtschaftlichen Ordnung – wie z.B. die Rechtsprechung und die wirtschaftliche Vorsorge – in Frage zu stellen wären.

Soldat aus christlicher Verantwortung

Die Bibel schreibt an keiner Stelle eine Kriegsdienstverweigerung vor, was im Zusammenhang mit manchen Bibelstellen durchaus denkbar gewesen wäre. Im Gegenteil erleben wir, daß z.B. Johannes der Täufer in seiner Standespredigt von den Soldaten eine ethische, an Recht und Gerechtigkeit orientierte Ausübung ihres Berufes verlangt. Darüber hinaus hören wir nicht, daß etwa der Hauptmann von Kapernaum oder Kornelius zur Aufgabe ihres Berufes aufgefordert werden, sondern sie werden uns, so wie sie sind, als Beispiel des Glaubens vor Augen gestellt.
Auch in der Urkirche, die ja noch keine Wehrpflicht kannte, war der Wehrdienst für Christen in erster Linie wegen der für den römischen Kaiser geforderten göttlichen Verehrung ein Problem, nicht aber eine Frage des fünften Gebotes oder der Bergpredigt. Im römischen Heer gab es eine erhebliche Zahl von christlichen Soldaten. Die Christen, die in der »thebaischen Legion« den Christenverfolgungen zum Opfer fielen, starben nicht, weil sie den Kriegsdienst verweigert hätten, sondern weil ihre Verweigerung des Opfers für den »göttlichen Kaiser« als Staatsgefährdung empfunden wurde.
Auch der Soldat sieht das Leben als eines der höchsten Güter an, dessen Schutz ihn verpflichtet und zu seinem Beruf der Erhaltung des Friedens motiviert. Dabei beschränkt sich »Leben« nicht allein auf die bloße physische Existenz. Verlangt nicht die Erhaltung des Lebens zugleich die Bewahrung und Ausgestaltung einer Ordnung, in der ein Leben in Menschenwürde möglich ist? Dazu gehört natürlich auch das Grundrecht, aus Gewissensgründen keinen Wehrdienst leisten zu müssen. Es sollte zu denken geben, daß es – die DDR mit Einschränkungen ausgenommen – in den Ländern des kommunistischen Machtbereichs kein Recht auf Kriegsdienstverweigerung und keinen Zivildienst in unserem Sinne gibt. *Die bewaffnete Sicherung des Friedens und unserer Lebensordnung hält »immerhin den Raum offen, innerhalb des-*

sen solche Leute wie die Verweigerer der Rüstung die staatsbürgerliche Freiheit genießen, ungestraft ihrer Überzeugung nach zu leben« (11. Heidelberger These).
Selbst wenn der Kriegsdienstverweigerer bereit ist, auf einen solchen Schutz seiner Grundrechte zu verzichten, so kann er diese Haltung doch nicht zur verbindlichen Norm machen. Tut er dies, so wäre zu fragen, ob man als Christ seinen Nächsten zum Martyrium verpflichten kann oder dieses Martyrium für andere zumindest fahrlässig herbeiführen darf. *Gewiß gibt es keine Pflicht zur Notwehr, aber die Pflicht zur Nothilfe für andere ist nicht nur ein rechtliches Gebot. Es steht auch nicht im Widerspruch zu ethischen Normen. Zugleich ist es auf bewaffnete Friedenssicherung nach außen übertragbar.* Obwohl der einzelne Staatsbürger – gerade auch als Christ – nicht unbedingt verpflichtet ist, sein eigenes Recht zu verteidigen, so muß er doch andererseits das Recht seiner Mitmenschen wahren und gegen unrechtmäßige Angriffe schützen.

Kriegsdienstverweigerung – Einladung zum nuklearen Holocaust?

Wie sieht es aber mit der Verwirklichung dieser Verpflichtung aus, wenn das Ausnahmerecht des einzelnen auf Kriegsdienstverweigerung immer mehr als Kollektivrecht propagiert und in Anspruch genommen wird? Wird dadurch der Friede sicherer, kann dadurch ein besserer Beitrag zur Verhütung eines Krieges, insbesondere eines Nuklearkrieges, geleistet werden?
Wir haben festgestellt, daß der eingangs angeführte Slogan »Stell dir vor . . .« so nicht stimmen kann. Wie aber sieht es aus, wenn man diesen nur variiert: »Stell dir vor, es gäbe Krieg – und immer weniger gingen hin.«
Nachdem bis in die Mitte der sechziger Jahre der zahlenmäßige Umfang der Kriegsdienstverweigerung ziemlich klein war, stieg er in den folgenden Jahren aus verschiedenen Gründen sprunghaft an. Bis jetzt hatte dies kaum Auswirkungen auf die Deckung des Personalbedarfs und damit die Einsatzbereitschaft der Bundeswehr. Aber wir alle wissen, daß die Jahrgangsstärken in den nächsten Jahren erheblich zurückgehen werden, so daß dann der Bedarf an Wehrpflichtigen unter den jetzigen Regelungen schon nicht mehr zu decken sein wird.

Vergegenwärtigen wir uns, daß im Rahmen der NATO die Bundeswehr heute die Hälfte der Landstreitkräfte und der bodengebundenen Luftverteidigung sowie ein Drittel der Kampfflugzeuge in Mitteleuropa, dazu zwei Drittel der Seestreitkräfte und die gesamten Seeluftstreitkräfte für die Ostsee stellt. Sie haben die Aufgabe, durch ihre konventionelle Kampfkraft im Verbund der NATO vor der Anwendung militärischer Gewalt abzuschrecken und so einen Kriegsausbruch mit zu verhindern. Auch ein überlegener Gegner darf kein risikoloses Kriegsabenteuer unternehmen können. *Eine konventionelle Verteidigungsfähigkeit allein würde eine Atommacht nicht von einem Angriff abschrecken. Würde eine Seite von vornherein auf Atomwaffen verzichten, würde sie der anderen ein Atommonopol zuspielen. Nur unter einem Monopol sind bisher Atomwaffen eingesetzt worden. Jede Erpressung wäre damit möglich. Jeder Widerstand wäre von vornherein aussichtslos.* Zwar befinden sich bei unseren Abwehrkräften auch solche, die über Träger nuklearer Waffen verfügen. Diese dürfen aber höchstens eingesetzt werden, wenn mit herkömmlichen Waffen ein Angriff nicht gestoppt werden kann und wenn der amerikanische Präsident den Gebrauch dieser Waffen freigibt.

Schon seit Jahren ist immer wieder darauf hingewiesen worden, daß die konventionelle Kampfkraft der NATO ausgebaut werden muß, um angesichts der östlichen Überlegenheit bei den konventionellen Waffen auch ohne Rückgriff auf nukleare Waffen verteidigungsfähig zu sein. Nur so kann der Schutz des Friedens glaubwürdig und wirksam erhalten werden. Bei dem derzeitigen Kräfteverhältnis wäre Mitteleuropa in einem militärischen Konflikt mit konventionellen Waffen auf Dauer nicht zu verteidigen. Aus diesem Grund bedarf das Bündnis unter den gegebenen Umständen weiterhin der nuklearen Abschreckungsfähigkeit. Aber *es muß in unser aller Interesse sein, die nukleare Schwelle, also den Zeitpunkt, an dem in einem Konflikt der Einsatz dieser Waffen erforderlich würde, möglichst weit hinauszuschieben. Uns muß es darauf ankommen, erstens einen Krieg – unter Wahrung unserer Freiheit und unserer Lebensordnung – überhaupt zu verhindern.* Sollte es trotzdem zu einem Angriff auf unser Land kommen, muß dieser möglichst rasch gestoppt werden, um die Schäden möglichst gering zu halten. Dazu ist ein ausreichendes konventionelles Potential erforderlich; denn wenn eine konventionelle Verteidigung nicht aufrechterhalten werden kann, heißt die Konsequenz entweder Kapitulation oder nuklearer Einsatz.

Konventionelle Verteidigungsfähigkeit erfordert – im Gegensatz zum nuklearen Potential – weit mehr Soldaten. Betrachten wir angesichts der rückläufigen Zahlen an verfügbaren Wehrpflichtigen in den kommenden Jahren den Trend bei der Kriegsdienstverweigerung, so müssen wir uns ernsthafte Sorgen um diese konventionelle Verteidigungsfähigkeit machen. Allein im Jahre 1981 wurden mehr als 58000 Anträge auf Anerkennung als Kriegsdienstverweigerer gestellt. Diese Zahl entspricht etwa einem Viertel des jährlichen Bedarfs der Bundeswehr an Wehrpflichtigen.

Gewiß läßt sich ein Mangel an Wehrpflichtigen für begrenzte Zeit etwa durch Verlängerung des Grundwehrdienstes oder andere Maßnahmen ausgleichen, aber *auf lange Sicht muß ein solcher Umfang der Kriegsdienstverweigerung dazu führen, daß für unseren geographischen Bereich die nukleare Schwelle zwangsläufig niedriger angesetzt werden müßte.*

Zu bedenken ist auch, daß alle Verbündeten der NATO einen Angriff auf die Bundesrepublik zugleich um ihrer selbst willen abwehren wollen. Darum stehen knapp eine halbe Million Soldaten unserer Verbündeten in der Bundesrepublik. Eine Schwächung der konventionellen Abwehrkraft würde die Verbündeten veranlassen, zum letzten Mittel der Abwehr zu greifen, ehe ihre Truppen und ihre Länder von feindlichen Panzerarmeen überrannt werden. *Je höher die Schwelle sein kann, die einem Einsatz atomarer Waffen entgegensteht, um so unwahrscheinlicher wird er.* Je geschlossener die Bundesgenossen einem Angriff widerstehen, um so weniger wird er stattfinden, um so sinnvoller wird für alle Seiten eine gleichzeitige Abrüstung.

»Stell dir vor, es gäbe Krieg – und keiner oder wenige gingen hin«, heißt leider nicht, daß unter den gegebenen und voraussehbaren sicherheitspolitischen Umständen ein Krieg unwahrscheinlicher wird. Vielleicht würde dadurch eher im Falle eines Krieges zum nuklearen Holocaust – sei er begrenzt oder nicht – eingeladen. Dem entgegenzuwirken liegt nicht nur in unserem eigenen Interesse, sondern es ist unsere Aufgabe als Staatsbürger und als Christen.

III. Holzwege zum Frieden

1. Soziale Verteidigung – Eine Alternative zur militärischen Verteidigung?

von Professor Dr. Kurt Sontheimer, München

In den Spuren Gandhis

Die Idee der sozialen Verteidigung ist in den letzten zwei Jahrzehnten von einer Gruppe von Friedensforschern der westlichen Welt in verschiedenen Varianten entwickelt worden. Sie *versteht sich als der Versuch, die Maximen einer Politik der Gewaltfreiheit, die von den Lehren Mahatma Gandhis inspiriert ist, nicht nur auf die innergesellschaftlichen Auseinandersetzungen anzuwenden, sondern auch auf die internationale Politik zu übertragen.* Die Idee der sozialen Verteidigung ist eine radikale Alternative zur herkömmlichen Verteidigung mit militärischen Mitteln; sie ist durch und durch pazifistisch, d.h. gegen jeden Gebrauch von Waffen, und nimmt bewußt Abstand vom Konzept einer territorial ausgerichteten militärischen Verteidigung. An dessen Stelle setzt sie die etwas unklare Idee einer Verteidigung von Lebensformen und Werte mit gewaltfreien Mitteln, eben die soziale Verteidigung. Während die militärische Verteidigung auf dem Gedanken beruht, ein bestimmtes Territorium vor einem Angriff durch Feinde mit Waffeneinsatz schützen zu können, meinen die Anhänger einer sozialen Verteidigung, daß es wichtiger sei, bestimmte Werte und Sozialstrukten zu bewahren, unabhängig davon, ob der Gegner sich innerhalb oder außerhalb des eigenen Territoriums befindet. *Man meint also, etwas Wesentlicheres zu verteidigen als bloßes Land und Eigentum, denn es gehe bei der sozialen Verteidigung um die Sicherung von Werten, Lebensformen und demokratischen Strukturen.*
In der Bundesrepublik Deutschland hat vor allem der an der Freien Universität Berlin lehrende *Theodor Ebert* das Konzept der sozialen Verteidigung bekanntgemacht; aber es gibt auch englische und amerikanische Autoren dieser Richtung. Von großem Einfluß war auch hier der Norweger Johann Galtung, der bereits mit dem von ihm ge-

prägten Begriff der »strukturellen Gewalt« nachhaltig auf die um alternative Konzeptionen bemühte deutsche Friedensforschung eingewirkt hat. Die wichtigsten deutschsprachigen Veröffentlichungen zum Thema der sozialen Verteidigung sind alle schon vor fünf bis zehn Jahren erschienen, aber der in dieser Konzeption enthaltene Grundgedanke einer gewaltlosen Politik und Verteidigung von Lebenswerten durch gewaltfreien Widerstand, hat durch die Entstehung der Friedensbewegung zweifellos neuen Auftrieb erfahren.

Theodor Eberts Konzeption einer »Wehrpolitik ohne Waffen«

Theodor Ebert geht in seinen verschiedenen Veröffentlichungen von der These aus, daß Gewaltlosigkeit die einzige und radikale Alternative zu jeder Form der Gewalt in der Politik darstelle. Er sieht in dieser Alternative ein wirksames Mittel beim Kampf um mehr Gerechtigkeit, Humanität und Demokratie sowohl innerhalb der Gesellschaften wie auch international bei den Bemühungen um die Schaffung einer friedlicheren Welt. Die Idee der sozialen Verteidigung ist nicht mehr und nicht weniger als die Anwendung des Konzepts der Gewaltfreiheit auf den Bereich der Verteidigungs- und Sicherheitspolitik. Ebert selbst und seine Gesinnungsgenossen unter den Friedensforschern (hier wären in Deutschland vor allem noch Egbert Jahn und Roland Vogt zu erwähnen) sind der Überzeugung, daß soziale Verteidigung sein kann und einen gangbaren Weg bietet, um einseitig zu militärischer Abrüstung zu gelangen. Die soziale Verteidigung, im Englischen als *Civilian Defence* bezeichnet, soll also ein vollgültiger Ersatz sein für die militärische Verteidigung, und zwar sowohl für die Verteidigung mit nuklearen wie mit konventionellen Waffen.

Die Konzeption enthält insoweit einen Rest realistischer Einschätzung der Verhältnisse, als sie durchaus nicht mit dem »ewigen Frieden« unter den Völkern rechnet, sondern soziale Verteidigung als ein Mittel für den Fall organisieren will, daß ein Aggressor das Land überfällt und es seinen Eroberungszwecken unterwirft und dienstbar macht: »Die Grundform des Widerstandes ist in dieser Situation, dem Aggressor den Gehorsam strikt zu verweigern und getreu der Verfassung und den Gesetzen mit gesteigerter Einsatzbereitschaft die selbst gesetzten Aufgaben zu erfüllen. Die soziale Verteidigung ist in ihrer Grundform kein Hungerstreik der Nation, sondern gesteigerte Normalität unter abnormen Bedingungen. Die Steigerung der Normalität kommt dadurch zum Ausdruck, daß die Verteidiger sich durch die Aggressoren nicht in eine rein bewahrende Haltung drängen lassen, sondern ihre inneren Reformpläne dynamisch vorantreiben und auch in ihrer außenpolitischen Aktivität nicht nachlassen. *»Zum Erfolg der sozialen Verteidigung reicht es nicht aus, daß der Aggressor keine Kollaborateure findet, es darf auch keine opportunistische Anpassung geben; er muß mit offenem, provozierendem Widerstand konfrontiert werden.«*

In diesen Formulierungen von Theodor Ebert wird erkennbar, daß er von der Annahme ausgeht, es könne einem in seinem Widerstand gegen den Eindringling geeinten Volk gelingen, mit den bloßen Mitteln gewaltfreier Aktion den eigentlichen Eroberungszweck zu vereiteln, nämlich die Kontrolle über das besetzte Territorium und insbesondere die Wirtschaft, ja der Eroberer könne am Ende sogar zum Rückzug veranlaßt werden, weil die Kosten der Besetzung in keinem Verhältnis zu ihrem Nutzen stehen.

Ebert und seine Freunde sind sich freilich klar darüber, daß wir unter den gegenwärtigen Bedingungen, vor allem angesichts unserer fortwirkenden konventionellen, d. h. militärisch orientierten, Verteidigungsmentalität, noch nicht in der Lage sind, eine wirksame Organisation sozialer Verteidigung zu schaffen. Diese setze nämlich einen umfassenden Demokratisierungsprozeß voraus, der zu einer weitgehenden Identität von Regierten und Regierenden führt mit der Folge, daß alle, die verantwortlichen Männer und Frauen in den führenden Institutionen bis hinunter zu den demokratischen Basisgruppen an einem Strang ziehen: *»Die soziale Verteidigung verlangt also die partizipierende Demokratie, in der alle Bürger an den sie betreffenden Entscheidungen möglichst direkt beteiligt sind ... Einer Umstellung der Wehrpolitik müßten Änderungen in der Sozial- und Herrschaftsstruktur voraus- und parallel gehen.« Die Frage, ob das moderne Verkehrs- und Informationswesen, die Versorgung des Volkes mit Energie und Ernährung und ähnliche für eine Industriegesellschaft unentbehrliche Einrichtungen ohne ein gewisses Maß von einheitlicher Lenkung zusammenbrechen muß, bleibt dabei außer Betracht.* Ebert begreift die Strategie der sozialen Verteidigung als die sicherheitspolitische Ergänzung einer dem Grundgesetz verpflichteten Demokratisierungsbewegung.

So dient also diese Konzeption nicht nur als Hebel einer möglichen Veränderung der Verhältnisse zwischen den Staaten, die mit dem Konzept »Ohne Rüstung leben« Ernst machen sollen, sondern auch als Instrument zur Umgestaltung der inneren Ordnung. *Würde aber dieses Konzept auch gegenüber einer straff organisierten Gewaltherrschaft funktionieren, was doch seine eigentliche Aufgabe sein sollte?*

Dürftiges historisches Beweismaterial

Um ihre These zu stützen, daß das Konzept der sozialen Verteidigung eine durchaus diskutable Alternative zur bestehenden Verteidigungssituation darstelle, wird dramatisierend behauptet, diese Politik treibe unaufhaltsam einer nuklearen Katastrophe zu. Darum haben zahlreiche Friedensforscher dieser Richtung historische Formen gewaltfreien Widerstandes untersucht, so z. B. gewaltfreie Widerstandsaktionen gegen die deutsche Besatzungsmacht im Zweiten Weltkrieg in Norwegen, das Verhalten der tschechoslowakischen Bevölkerung beim Einmarsch der Truppen des Warschauer Pakts im Jahr 1968 oder auch eine Gefangenenrevolte im Lager Workuta. Diese eingehend untersuchten Beispiele sind jedoch, wie die Autoren zugeben müssen, nicht beweiskräftig genug, um die Frage zu beantworten, »ob ein Land ohne militärische Verbündete allein durch die Ankündigung sozialer Verteidigung einen potentiellen Angreifer von seinem Ziel abbringen oder notfalls besiegen, d. h. zum Abzug bewegen kann«. Dessen ungeachtet gehen sie davon aus, daß soziale Verteidigung eine echte und wirksame Alternative zur herkömmlichen Verteidigung sein kann, wenn sie erst einmal tatkräftig organisiert, in Manövern geübt und durch eine weitgehende Demokratisierung sozial abgestützt wird.
In diese Konzeption geht im übrigen auch eine Reihe von äußerst optimistischen Annahmen ein, so etwa die Hoffnung, dem Okkupanten durch die entschiedene Demonstration eines gewaltfreien Widerstandes ein schlechtes Gewissen zu verschaffen, ja, die Opposition gegen die Aggressionspolitik im Lande des Aggressors selbst zu stärken; ferner die Erwartung, eine den massiven gewaltfreien Widerstand der Bevölkerung herausfordernde Besatzungsmacht würde sich wieder zurückziehen, wenn sie erkennen müßte, daß die Fortsetzung ihrer

Unterdrückungspolitik sie international nur noch weiter isoliere und dergleichen. *Die Tatsache, daß das Gewissen eines möglichen Angreifers, das von den Prinzipien des Marxismus und Leninismus bestimmt ist, ganz anders reagiert, bleibt unerörtert.* (Vgl. Günter Brakelmann: »Das Doppelgesicht sowjetischer Friedenspolitik«, S. 27ff.)

Eines ist immerhin bemerkenswert: Auch die Anhänger des Konzepts der sozialen Verteidigung schließen nicht aus, daß Menschen bei gewaltfreien Aktionen ihr Leben verlieren. Ja, sie sprechen sogar davon, daß soziale Verteidigung überhaupt nur gelingen könne, wenn man auch bereit wäre, nötigenfalls sein Leben zu opfern. Gleichzeitig relativieren sie diese Gefahr der Liquidierung und Tötung von Einzelmenschen. Sie behaupten einfach, je mehr einzelne bereit wären, ihr Leben zu opfern, desto geringer wäre die Wahrscheinlichkeit, daß sie dieses Opfer tatsächlich bringen müßten. Dabei bedenken sie überhaupt nicht, daß nicht nur unter Hitler, sondern auch unter Lenin, Stalin, Mao und Pol Pot unter anderem jeweils Millionen Menschen zur Durchsetzung politischer Ideen geopfert wurden. Dessen ungeachtet erscheint die Konzeption sozialer Verteidigung schließlich im Lichte höchster moralischer Tugenden, die im Begriff einer »aufgeklärten Mitmenschlichkeit« zusammengefaßt werden. Die Ethik der Gewaltfreiheit und die daraus abgeleitete Konzeption sozialer Verteidigung beansprucht demnach eine höhere Dignität als eine Ethik, die zum Zwecke der Sicherheit des Menschen auf die Anwendung von Waffen im Falle eines Angriffs nicht verzichten will.

Kritik der »sozialen Verteidigung«

Die Idee sozialer Verteidigung ist trotz ihrer pseudowissenschaftlichen Aufbereitung ein Wunschbild. Sie beruht auf purer *Hoffnung*, nicht aber auf einer Einschätzung möglicher Konfliktsituationen, die sich der Realität auch nur annähert.

Pure Hoffnung ist es, zu glauben,

- einen zur Aggression neigenden Gegner durch soziale Verteidigung von seinem Vorhaben abbringen zu können und ihn nicht vielmehr geradezu risikofrei dazu einzuladen;

- anzunehmen, eine zur Behauptung ihrer Macht entschlossene Besatzungsmacht würde sich durch gewaltfreien Widerstand moralisch erweichen und zum Rückzug bewegen lassen.
- Die Leiden und Opfer, die ein solcher Widerstand für das besetzte Volk zwangsläufig mit sich bringen müßte, würden nicht wirkungslos verpuffen.
- Es gäbe unter den Bedingungen einer Besatzungsherrschaft überhaupt die Möglichkeit, das Funktionieren der demokratischen Institutionen in Gang zu halten oder gar – wie Ebert es fordert – eine verstärkte Politik der demokratischen Reform zu betreiben.

Pure Hoffnung ist es,

- davon auszugehen, daß im Fall einer Okkupation die Besatzungsmacht nicht in der Lage wäre, alle technischen und personellen Bedingungen zu schaffen, die nötig sind, um im besetzten Land die Sicherheit und die Versorgung ihrer Streitkräfte zu gewährleisten und ihre Herrschaft zu befestigen;
- darauf zu vertrauen, daß im Fall einer Okkupation die überwältigende Mehrheit der Menschen überhaupt gewaltfreien Widerstand leistet und sich der erzwungenen Kollaboration kollektiv verweigert;
- das Konzept sozialer Verteidigung ausgerechnet gegenüber einem Gegner, in unserem Fall dem kommunistischen Machtblock anwenden zu wollen, der von pazifistischer Gesinnung nur, sofern sie den Gegner schwächt, etwas hält und im übrigen andersartige Werte und Lebensformen nur soweit respektiert, als sie die seinen nicht stört.

Es ist in der Tat erstaunlich, was einem die Vertreter des Konzepts der sozialen Verteidigung an Naivität zumuten, so z.B. wenn sie im Ernst darüber diskutieren, wie man durch Diskussionen mit den Soldaten der Besatzungsmacht auf deren Gesinnung einwirken und sie möglicherweise zu Komplizen des gewaltfreien Widerstandes machen könnte, oder wenn sie im Ernst annehmen, eine Fortsetzung demokratischer Reformarbeit sei ausgerechnet unter der Herrschaft eines undemokratischen Besatzungsregimes möglich, oder wenn sie darauf vertrauen, der Gegner könnte sich eines anderen besinnen und zurückweichen, wenn man ihm nur klarmacht, daß man durch ihn leidet, usw.

Haben die sozialen Verteidiger sich einmal überlegt, wie ein zur Durchsetzung seiner Macht entschlossener Gegner mit einem Volk verfahren könnte, das ihm jede Zusammenarbeit verweigert, und auf wessen Kosten eine solche Auseinandersetzung zwangsläufig ginge? Was etwa hieße soziale Verteidigung im heutigen Polen, wo das Volk vom eigenen Militär beherrscht wird? Waren hier nicht die Voraussetzungen dafür geradezu optimal, und doch ...?
Die Idee sozialer Verteidigung ist ein völlig untaugliches Mittel zur Lösung unserer Probleme, *eine weltfremde Utopie,* so wie leider auch die Abschaffung aller Waffen eine schöne Utopie bleiben muß. Erklärbar ist dieser Entwurf einer gewaltfreien Form der sozialen Verteidigung gegen einen militärisch aufgerüsteten Gegner nur vor dem Hintergrund einer alles beherrschenden Furcht vor der atomaren Kriegskatastrophe, die darum von den Anhängern dieses Konzepts auch stets von neuem als unausweichlich beschrieben wird. Das Konzept ist *eine Variante der Formel »Lieber rot als tot«,* die von der auf keine realen Anhaltspunkte sich stützenden Einbildung lebt, man könne das »Rotwerden« vermeiden, indem man sich sozial verteidigt.
Praktisch bedeutet aber das »Rotwerden« die Unterwerfung unter die sowjetische Oberherrschaft. Daß dies erst recht eine Militarisierung zur Folge haben muß, wird nicht bedacht.
In der ČSSR haben die Warschauer-Pakt-Mächte dem unbestreitbar vorhandenen sozialen Verteidigungswillen des Volkes durch Panzer den Garaus gemacht, in Polen besorgt es derzeit die eigene Armee. Das sind leider die Realitäten. Auf soziale Verteidigung kann man nicht bauen, wenn man Sicherheit haben will.
Es ist also ein Irrtum, zu glauben, wir hätten in der Konzeption einer sozialen Verteidigung eine bedenkenswerte, ja sogar realistische Alternative zur gegebenen und herkömmlichen Verteidigungspolitik. Das ist nicht der Fall. Sich darauf zu berufen und zu meinen, wir hätten es hier mit einer wissenschaftlich begründeten seriösen Alternative zu tun, ist pure Augenwischerei. *Das Konzept der sozialen Verteidigung ist ein schöner Wunschtraum, inspiriert von dem Glauben an die Macht der Gewaltlosigkeit, die indes nur unter besonderen Voraussetzungen zu einer Macht werden kann;* es ist keine ernsthafte diskutierbare Alternative zu den Sicherheitsproblemen, mit denen wir es gegenwärtig in der Bundesrepublik, ja in der ganzen Welt zu tun haben.

2. Wider die »Alternativen Strategien«

von Carl-Gero von Ilsemann, Generalleutnant a. D., Neu-Ulm

Was sind Angriffswaffen?

Während die Militärdoktrin des Warschauer Paktes der Roten Armee und ihren Verbündeten eindeutig offensive Aufgaben zuweist und sie entsprechend ausrüstet, sind die Streitkräfte der NATO weder nach ihrem Umfang noch nach ihrer Bestimmung zum Angriff, sondern allein zur Verteidigung der Territorien ihrer Mitgliedsstaaten gedacht. *Über die Aggressivität einer Militärmacht entscheidet nicht in erster Linie die Eigenart ihrer Bewaffnung, z.B. durch Panzer und Flugzeuge. Jede Waffe läßt sich defensiv oder offensiv verwenden. Den Charakter einer Angriffswaffe erhält sie erst durch ihre überlegene Stärke und Massierung.*

Auch Alfred Mechtersheimer, einer der Befürworter der »alternativen Verteidigung«, gibt in den Tutzinger Studien 2/1980 zu, daß das politische Konzept der Bundeswehr defensiv ist. *Die Bundesrepublik kann sich nur auf ihrem eigenen Territorium verteidigen und beispielsweise nicht in die DDR einmarschieren.*

Trotz dieser Feststellung wird von Mechtersheimer wie von anderen – insbesondere von Erhard Eppler – gefordert, der Westen müsse auch in nichtatomaren Waffen weitere Vorleistungen erbringen und überhaupt auf das Konzept einer möglichst grenznahen »Vorne-Verteidigung« verzichten. Was sind – kurzgefaßt – die Argumente, die dafür vorgebracht werden? Es wird behauptet:

- Die von der NATO propagierte abgestufte Abschreckung, die mit einer konventionellen Verteidigung beginnt, führe unweigerlich zur atomaren Vernichtung der Bundesrepublik und diene daher nicht ihrem Schutz.
- Der Rüstungswettlauf sei nicht nur ruinös für Volkswirtschaften, sondern führe letztlich zum Krieg.
- Der Westen brauche nicht nachzurüsten, weil in Wahrheit gar keine bedrohliche Überlegenheit des Ostens vorhanden sei.
- Man müßte der kommunistischen Seite ein höheres Maß an Rüstung aus ihrem stärkeren Sicherheitsbedürfnis zubilligen.

- Durch einseitige westliche Abrüstung könne man den Osten zur Aufgabe seiner Hochrüstung veranlassen.
- Vor allem müßte die NATO oder zumindest in ihr die Bundesrepublik auf alle »bedrohlich« wirkenden Waffensysteme verzichten.
- Über eine Neutralisierung Deutschlands ließe sich unsere Sicherheit erhöhen.

Nun scheint uns zwar, daß drei Jahrzehnte ohne kriegerische Entwicklung Europas inmitten einer friedlosen, von Kriegen erfüllten Welt die Richtigkeit der auf Abschreckung und Entspannung gegründeten Sicherheitspolitik der NATO nicht gerade widerlegen. Doch hören wir zunächst, wie ihre Kritiker sich eine »alternative Strategie« vorstellen.

Die Strategien von A. Mechtersheimer und E. Eppler

In den erwähnten »Tutzinger Studien« tritt Mechtersheimer dafür ein, daß Westeuropa den »Machtverlust der USA ausgleicht und zu seiner Verteidigung die volle Verantwortung übernimmt«. Dabei müsse »mit politischen Mitteln« versucht werden, das konventionelle Übergewicht der Sowjetarmee in Europa zu verringern. Für die Bundesrepublik stelle sich die Aufgabe, ihre militärischen Maßnahmen noch stärker als bisher – auch im militärischen Sinne und nicht nur im politischen Verständnis – an den Prinzipien der Heimatverteidigung zu orientieren. »Die Bundeswehr der nächsten Jahrzehnte braucht mehr Defensivwaffen und wird sich die komplexen Waffensysteme nicht mehr leisten können.« Auch auf den stärksten Verbündeten der Westeuropäer, die USA, ohne den die Unterlegenheit der verbleibenden Kräfte vollends irreparabel wäre, wird von Mechtersheimer verzichtet. Das ist wenigstens konsequent. Unsere westlichen Verbündeten würden sich schwerlich an der Strategie Epplers und Mechtersheimers beteiligen. *Wie sieht dieses strategische Konzept aus? Auf die bisher geltende Vorne-Verteidigung an den Grenzen der Bundesrepublik, die uns über dreißig Jahre in Zusammenarbeit mit der NATO den Frieden erhalten hat, soll verzichtet werden. Die bisher im Verhältnis 1:3 unterlegenen westlichen Verteidigungskräfte sollen durch guerillaartige Kampfgruppen ersetzt werden.*

Dieses Konzept wurde von dem Friedensforscher Horst Afheldt schon 1976 empfohlen. Es wurde 1981 von Erhard Eppler aufgegriffen. Empfohlen wird es unter Hinweis auf das »Konzept der Raumverteidigung«, das der österreichische General Spannochi für das kleine, neutralisierte, aber großenteils besonders verteidigungsgünstige Österreich entworfen hatte. Mit kleinen Technokommandos will man dort die Neutralität – ähnlich wie die Schweiz – aufrechterhalten. Diese *Technokommandos von je etwa 20 Mann sollen mit zielsuchenden Panzerabwehrwaffen, Minen und leichten Infanteriewaffen ausgerüstet werden. Nach Eppler* (»Wege aus der Gefahr«, S.215) *sollen etwa zehntausend solcher leichten Kommandos über die ganze Bundesrepublik verteilt werden.* Würde die Bundesrepublik sich zu solcher Umrüstung entschließen, würde sie – nach Erhard Eppler – »einen Trampelpfad zum Frieden« betreten. Denn – meint er – »wer niemanden bedroht, kann mit unbestreitbarem moralischem und politischem Gewicht auf die Abrüstung der anderen drängen; er kann die öffentliche Meinung der Welt leichter als andere gewinnen und mobilisieren ...

Schon die Entscheidung zur Umrüstung kann das Klima der festgefahrenen Abrüstungsverhandlungen verbessern« (Erhard Eppler, »Wege aus der Gefahr«, S.216).

Eppler scheint sich dessen bewußt zu sein, daß solche Technokommandos dort, wo ihnen kein natürlicher Schutz wie Gebirge und Wälder zu Verfügung stehen, am ehesten in Wohnsiedlungen Deckung gegen eine anrollende Feuerwalze aus Stalinorgeln, Geschützen und Flugzeugen finden könnten. Aber gerade die Zivilbevölkerung möchte er – trotz seines Verzichtes auf Vorne-Vertedigung – geschont sehen. Darauf soll Rücksicht genommen werden.

»Großstädte«, schreibt Eppler, »können nicht zum Kampfgebiet gemacht werden, weil es die Aufgabe der Soldaten ist, die Zivilbevölkerung zu schützen, nicht aber ihre Vernichtung herauszufordern.« Die größeren Städte sollten also eine Art »Asylrecht« bekommen. Das ist sicher eine begrüßenswerte Vorstellung – besonders für den Angreifer. Mit massierten Vorstößen von Tausenden seiner Panzer könnte er mit Unterstützung seiner überlegenen Luftwaffe in einem Überraschungsangriff die Städte Kiel, Lübeck, Hamburg, Braunschweig, Göttingen, Kassel in der norddeutschen Tiefebene, die alle weniger als 50 km von der Grenze entfernt liegen, erreichen.

Mit Rücksicht auf die Zivilbevölkerung wäre er dort ja vor störenden Angriffen gesichert und könnte in Ruhe Nachtquartier beziehen, sich verpflegen und in den Straßen dieser Städte seine Panzerformationen neu ordnen. Eine nächste Ruhepause könnte er in Bremen, Hannover und Fulda einlegen. Die Versorgung seiner Panzerarmeen wäre in diesen »Asylstädten« gesichert.
Mit Verwunderung nimmt man zur Kenntnis, daß – nach Erhard Epplers Meinung – es gleichzeitig in Ordnung ist, »wenn kein deutscher Kanzler die Bindung seines Landes an die NATO in Zweifel ziehen läßt« (Eppler, S.210). Mit Zweifeln seitens der Bündnispartner rechnet er offenbar nicht. *Die Frage, ob es in das westliche Verteidigungskonzept paßt, daß die großen deutschen Städte schutzlos zu Aufmarschzentren feindlicher Panzerarmeen umfunktioniert werden, dürften die atomar bewaffneten Westmächte Frankreich, England und Amerika sicher sorgfältig prüfen.*
Zwar wirft E. Eppler mit Recht die Frage nach dem Bevölkerungsschutz – vor allem in den Städten – auf. Keinesfalls dient es dem Schutz der Bevölkerung, wenn man die Vorne-Verteidigung aufgibt, die ganze Bundesrepublik zum Kampfgebiet macht und dann aus den Städten Asyle für feindliche Panzerarmeen macht.

Ausverkauf zu kleinen Preisen

Man fragt sich, ob hier nicht versucht wird, den Menschen vorzugaukeln, man könne in der Rolle der Bundesrepublik gewissermaßen »zu kleinen Preisen« aus der Weltgeschichte aussteigen. Natürlich wäre es verlockend, auf die ganze Hochrüstung mit einem Schlag zu verzichten, um mit Hilfe einer neuen Strategie und verblüffend billigen und einfachen, fast harmlos wirkenden Waffen die Bedrohung durch überlegene Invasionsstreitkräfte zunichte zu machen. Wahrscheinlich stellen sich die Erfinder dieser neuen Raumverteidigung eine »Sternstunde der Kriegsgeschichte« vor, wie zur Zeit des ausgehenden Mittelalters, als die Schweizer Landsknechte die schwergepanzerten, aber beweglichen Ritter schlugen. Es ist anzunehmen, daß die erstmals auf den Schlachtfeldern des Ersten Weltkrieges auftauchenden Kampfpanzer, mit denen im Zweiten Weltkrieg zuerst die Deutschen ihre Blitzsiege und dann die Alliierten ihren Endsieg errangen, eines Tages durch waffentechnische Neuentwicklungen überholt werden. Gegenwärtig deutet jedoch noch nichts darauf hin, daß man ohne Not auf Panzer als Träger der Hauptkampfkraft verzichten könnte. Die gesteigerte Wirkung moderner Waffen zwingt die Kampftruppen weitgehend unter Panzerschutz. An einer langen offenen Grenze wie die der Bundesrepublik wird ein Aggressor geradezu eingeladen, wenn ihm nur eine verzettelte, schwach bewaffnete, zur Schwerpunktbildung an bedrohten Einbruchstellen unfähige, überwiegend infanteristische Streitmacht entgegengestellt würde. *Der Aggressor hat ja sowieso die Wahl der Angriffsrichtung und ihres Schwerpunktes, kann also einer vielfachen Überlegenheit sicher sein, ohne ernsthafte Gegenstöße eines Verteidigers befürchten zu müssen.*

Dabei soll nicht bestritten werden, daß auch eine noch mechanisierte und gepanzerte Armee tunlichst nicht auf die infanteristische Komponente verzichten sollte. Es ist vielleicht wirklich eine Schwäche der neuen deutschen Heeresstruktur, daß die hochbeweglichen gepanzerten Brigaden über keinen wirklichen infanteriestarken Verband verfügen, der in den vorgesehenen Verteidigungsräumnen überall günstiges Gelände zur Entlastung, Ergänzung und Unterstützung der mechanisierten und gepanzerten Bataillone finden würde.

Im übrigen aber muß die deutsche Führung im Rahmen der Verteidigungsplanung der NATO über Kräfte verfügen, die, wenn sie schon in ihrer Gesamtzahl dem potentiellen Gegner unterlegen sind, so doch nach Art ihrer Ausrüstung, Bewaffnung und Ausbildung in der Lage sind, rasch zu reagieren. Sie müssen blitzschnell Schwerpunkte bilden und wechseln können. Gerade in der Wendigkeit und Qualität ihrer Waffen müssen sie die Unterlegenheit ihrer Zahl ausgleichen können. Dies ist der Bundesrepublik im Alleingang unmöglich.

Die integrierte Verteidigungsplanung im Bündnis zwingt dazu, von gleichen taktischen Vorstellungen auszugehen. Wenn die Bundesrepublik Wert darauf legt, unter dem Schutzschild des Nordatlantikpaktes zu bleiben – und darauf ist sie angewiesen –, kann sie nicht im Alleingang aus dem Konzept aufeinander abgestimmter Bewaffnung und Kampfweise ausscheren.

Wer meint, man könne doch anstelle der teuren Panzer einfach eine Vielzahl leichter Panzerabwehrraketen einführen, der muß zur Kenntnis nehmen, daß der Entwicklungsstand dieser Waffen erstens

den Nacht-Kampf sehr begrenzt zuläßt und daß zweitens die Weiterentwicklung der Panzerung wieder eine stärkere Hinwendung zu den Kanonenwaffen erzwingt, mit denen sich rasantere Munition verschießen läßt. Die Kombination von hoher Beweglichkeit, wirksamer Waffen und starker Panzerung verleiht dem Kampfpanzer eben immer noch die höchste Bedeutung für moderne Armeen.
Das Gefecht verbundener Waffen, die sich in ihrer Verschiedenartigkeit ergänzen und unterstützen sowie die Fähigkeit zum intelligenten Gebrauch von diesem Instrumentarium macht nach wie vor die Kunst der militärischen Führung aus.
Militärische Führungsstäbe sind gezwungen, unaufhörlich Alternativen in Waffentechnik und Taktik zu suchen. So ist die Heeresstruktur 4 der Bundeswehr das Ergebnis derartiger Überlegungen. Sie enthält z.B. die Ergänzung der gepanzerten und mechanisierten Kräfte durch zahlreiche Panzerabwehrwaffen. Selbstverständlich sind auch die Forderungen und Vorschläge der verschiedenen »Friedensforscher«, zu denen auch der Franzose Brossolet und die Deutschen J. Löser und A. Mechtersheimer zählen, ebenso geprüft worden, wie die Wege, die andere Staaten zu ihrer Verteidigung beschreiten. Die Analysen kompetenter Fachleute der NATO und Bundeswehr führen jedoch derart einseitige Radikalkuren ad absurdum. Es wäre ja wohl auch töricht, eine Armee wie die deutsche Bundeswehr, die in ihrer jetzigen Beschaffenheit und Flexibilität international in Ost und West hohes Ansehen erworben hat, in der vorgeschlagenen Weise auszuhöhlen und zu verharmlosen.
Man kann sich vorstellen, daß es den östlichen Militärs sehr willkommen wäre, wenn die Bundeswehr, die zur Zeit ein Hauptfaktor in der westlichen Verteidigungsfront auf deutschem Boden darstellt, auf ihre vorzüglichen Leopard-Panzer verzichtete, ihre Infanterie unter Verzicht auf Schützenpanzer ohne Panzerschutz ließe, keine Feuerschwerpunkte durch Artillerie in der Abwehr mehr bilden könnte und womöglich auch nicht mehr in der Lage wäre, ihre Erdkampftruppen aus der Luft angemessen zu unterstützen.
Vor den Schalmeientönen von Leuten, die meinen, eine gute international respektierte Armee unter Mißachtung ihres Auftrages zerschlagen zu müssen, kann man um des Friedens willen nur warnen.
Erhard Epplers »Heckenschützenarmee« in Verbindung mit dem von ihm vorgeschlagenen Asylrecht der großen Städte würde einer – auch von anderen

Waffengattungen unterstützten – angreifenden Panzerarmee Erfolgschancen einräumen, die in der Kriegsgeschichte einmalig sind.

Einladung zum Atomkrieg in Mitteleuropa?

Jedes Nachlassen in unseren Verteidigungsvorkehrungen wird um so schneller zu dem Punkt führen, an dem der Westen gezwungen ist, entweder mit dem Einsatz nuklearer Waffen zu drohen oder zu kapitulieren. Werden die atomar bewaffneten Westmächte England, Frankreich und Amerika kapitulieren, wenn russische Panzerarmeen am Rhein stehen?
Müssen unsere westlichen Nachbarn sich nicht von der Bundesrepublik verraten fühlen, wenn sie den Panzerarmeen des Ostblocks in ihren Städten Asyl gewährt? Könnte nicht die Sorge, daß die Atomwaffen seit ihrer Modernisierung wieder militärisch einsetzbar werden, in grauenhafter Weise zu einer Gefahr für solche »Asyle östlicher Panzerarmeen« werden? *Gerade die deutschen Städte, die nach diesem Konzept der Verteidigung kampflos dem Gegner überlassen sind, werden dann die Ausgangspunkte einer massierten militärischen Bedrohung und damit zu den entscheidenden Zielen eines möglichen Atomkrieges.* Gerade die Befürworter dieser »alternativen Verteidigung« verbreiten ja gleichzeitig das Mißtrauen gegen unsere westlichen Nachbarn, insbesondere gegen die Amerikaner. Angeblich wollen diese – genau wie die Russen – ihre Hegemonialkämpfe außerhalb ihres Territoriums – am liebsten in Mitteleuropa – austragen.
Die Erfindung bis dahin unvorstellbarer Vernichtungsmittel, wie nukleare Sprengköpfe sie darstellen, läßt apokalyptische Vorstellungen vom möglichen Verlauf künftiger kriegerischer Auseinandersetzungen zu. Die damit entstehenden Ängste machen den Wunsch nach einer dauerhaft friedlichen Welt nur zu verständlich, ja unausweichlich. Übersehen wird dabei leicht, daß seit dem schockierenden Ersteinsatz zweier Atombomben 1945 in Japan über hundert Kriege in der Welt geführt wurden, ohne daß atomare Waffen zur Anwendung gelangten. Keine kriegführende Seite will offenbar zuerst nach der Zauberbüchse der Pandora greifen. So baut auch die Sowjetunion in ihrer Bewaffnung im Verein mit ihren Verbündeten in erster Linie auf überlegene konventionell, also nicht atomar bewaffnete Streitkräfte. Und die Vorne-Verteidigung der NATO in Europa stützt sich

ebenfalls auf entsprechend ausgerüstete Truppen. Je mehr Europäer und Amerikaner dafür tun, daß im Verteidigungsfall rasch konventionell bewaffnete Verstärkungen zur Verfügung stehen, desto länger wird eine militärische Aggression unter Verzicht auf atomare Mittel abgewehrt werden können.

Zwar hat auch die NATO sich, falls eine Verteidigung mit konventionellen Waffen mißlingt, die Möglichkeit eines Einsatzes taktischer Atomwaffen vorbehalten. Es soll deutlich bleiben, daß auch ein Angriff mit überlegenen Panzerwaffen in jedem Fall zu einem unkalkulierbaren Risiko für beide Seiten führt. *Der Wille, unter allen Umständen einen Krieg – auch einen Krieg mit den immer schrecklicher gewordenen klassischen Waffen – zu verhüten, muß entscheidend bleiben. Besteht aber eine größere Chance, ihn zu verhüten, wenn ihm eine Einladung in das nur mit Technokommandos verteidigte Mitteleuropa vorausgeht?* Dies erscheint recht unwahrscheinlich. Das gleiche gilt von dem Vorschlag einer Neutralisierung Deutschlands. Die Vorteile auf politischem und militärischem Gebiet, die der überlegenen militärischen Macht dadurch verschafft würden, wären so groß, daß für diese kein Anlaß mehr besteht, sich auf Verhandlungen zur Rüstungsbegrenzung oder gar zur Abrüstung einzulassen. Dies aber muß unter allen Umständen das Ziel sein, das einer verantwortlichen internationen Politik vor Augen steht.

Um der Gefahr einer Eskalation der beiderseitigen Rüstungen, ja eines Krieges vorzubeugen, werden im Zuge der Entspannungspolitik seit Jahren politische Anstrengungen unternommen.

Dies ist »zu kleinen Preisen« nicht möglich, wenn der Gegner durch technische Verbesserungen und fortlaufende Aufstockung seiner Bewaffnung zu parallelen Maßnahmen zwingt. Alte Waffen müssen in diesem Fall durch wirksamere Waffensysteme ersetzt werden, wenn man nicht von vornherein auf jede Verteidigung verzichten und in das Militärsystem der anderen Seite zwangsweise eingegliedert werden will. Trotzdem haben sich merkwürdigerweise – jedenfalls im Westen in einem überschaubaren und vergleichbaren geschichtlichen Entwicklungsprozeß der letzten Jahrhunderte – die Rüstungskosten in Relation zum Sozialprodukt oder zu den gesamten Staatsausgaben durchaus nicht laufend erhöht. Ihr Anteil ist im Gegenteil gesunken. In einem Land, das weniger als 4% seines Sozialproduktes für seine gesamte Verteidigung (und davon wieder weniger als die Hälfte für die Verbesserung seiner Rüstungen) ausgibt, ist die Behauptung wenig glaubhaft, diese Aufwendungen seien unbezahlbar. Würden die Kosten, die aus einer Umrüstung in eine Armee von ortsfesten »Heckenschützen« entsteht, nicht erst recht »unbezahlbar« sein?

Kann sich der Osten bedroht fühlen?

Jede Überlegung zur Landesverteidigung muß vom Ausmaß der Bedrohung ausgehen. Da Bedrohungsanalysen der NATO und ihrer einzelnen Mitglieder als »parteiisch« gerne als übertreibend verdächtigt werden, sei hier *eine neueste neutrale Schweizer Analyse* zitiert, die einer Beilage der »Allgemeinen Schweizerischen Militärzeitschrift«, Nr. 1/82, entnommen ist: »Sowohl die USA als auch die Sowjetunion haben ihre Rüstungsanstrengungen zwischen 1970 und 1980 weiter vorangetrieben und teilweise sogar beschleunigt. Während die USA nach der Beendigung des Vietnamkrieges einen Teil der Rüstungsindustrie wieder mit Aufträgen für zivile Bedürfnisse beschäftigten, waren die Rüstungsanstrengungen der Sowjetunion in den letzten Jahren unvermindert massiv. Sie beanspruchen jährlich 12 bis 14 Prozent des Bruttosozialprodukts. Seit 1967 wurden allein bei den Erdstreitkräften über 30 zusätzliche Divisonen aufgestellt und ausgerüstet. Die Sowjetstreitkräfte umfassen zur Zeit 4,8 Millionen Mann. (Nach den neuesten Angaben des Internationalen Instituts für Strategische Studien in London beträgt die Zahl der sowjetischen Soldaten nur 4,3 Millionen Mann.)
Die Sowjetunion verfügt über 135 Rüstungskonzerne, deren Fläche mehr als 40 Millionen Quadratmeter umfaßt und seit 1970 um 34% gewachsen ist. Hinzu kommen über 3000 Fabriken, die der Rüstungsindustrie zuliefern. Die Produktion der sowjetischen Rüstungsbetriebe hat zu folgendem Potential geführt:

- Über 50000 Panzer, darunter neue schnellere und besser geschützte Modelle, von denen zwischen 1976 und 1980 über 9000 Stück produziert worden sind.
- Über 10000 Kampfflugzeuge und Bomber, von denen zwischen 1976 und 1980 mehr als 6000 produziert worden sind.

- Transportflugzeuge, von denen zwischen 1976 und 1980 4350 produziert worden sind.
- Mehr als 5200 Helikopter, von denen zwischen 1976 und 1980 4350 produziert worden sind. Darunter seit 1980 monatlich 30 Kampfhelikopter des Typs Mi-24.
- Über 20000 Geschütze, darunter schwere bewegliche Artillerie. Mehrfachraketenwerfer und selbstfahrende, gepanzerte 122-mm- und 152-mm-Geschütze, insgesamt eine Produktion seit 1976 von jährlich 1850 bis 3500 Stück.
- Eine ständig wachsende Kriegsflotte, die sich heute auf fast allen Meeren, insbesondere auch im Mittelmeer, im Atlantik, in der Nord- und Ostsee weitgehend frei bewegt und A-Waffen mitführen kann.
- Die Sowjetunion ist der größte Waffenproduzent der Welt und exportiert am meisten Waffen von allen Nationen, namentlich auch in Entwicklungsländer.

Laut Weißbuch der Bundesregierung von 1979 sind die konventionellen, der NATO in Europa unmittelbar gegenüberstehenden Streitkräfte des Warschauer Paktes in 58 Divisionen (mit 19000 Kampfpanzern), darunter 27 sowjetische, von denen wiederum 20 auf deutschem Boden stehen, gegliedert. »Aus den drei westlichen Militärbezirken der SU können innerhalb von Tagen weitere 33 kampfkräftige Divisionen mit 8500 Kampfpanzern nach Westen vorgeführt werden. Schließlich stehen in Ungarn 10 Divisionen und 2700 Kampfpanzer, davon 4 sowjetische Divisionen.«
Die NATO hat demgegenüber in Europa nur 28 Divisionen mit 6500 Kampfpanzern präsent.
Die Bedrohungsanalyse muß aber auch die »geographische Asymetrie« berücksichtigen, die wegen der sehr viel kürzeren Nachschublinie zu Lande den Warschauer Pakt von vornherein begünstigt.
Die oben zitierte Schweizer Untersuchung gelangt zu dem Schluß, daß der Westen sich unter diesen Voraussetzungen keine Schwäche leisten kann. Ein Zerfall der NATO oder ihres militärischen Potentials kann zwangsläufig aber nur die Kriegsgefahr erhöhen. Westeuropa würde erpreßbar. Eine vermehrte Labilität der politischen und militärischen Situation in Europa könnte die UdSSR zu einem militärischen Eingreifen veranlassen, wenn sie das Risiko eines globalen Krieges für nicht mehr gegeben hielte. Der Fortbestand der Demokratien Westeuropas hängt

deshalb auch nach Schweizer Auffassung von der Wahrung eines ausreichenden militärischen Gleichgewichts zwischen Ost und West ab.
Afghanistan sollte ein warnendes Beispiel dafür sein, daß ein Land ohne potente Verbündete und präsente moderne Streitkräfte nicht in der Lage ist, sich mit den Mitteln des Kleinkriegs einer modernen Okkupationsarmee zu erwehren, geschweige denn eine militärische Aggression durch Abschreckung zu verhindern. Und Polen zeigt, daß es kaum möglich ist, den Kampf mit der im Land befindlichen militärischen Übermacht, die kriegerische Mittel auch gegen die Zivilbevölkerung anwendet, aufzunehmen oder durchzuhalten. *Keinesfalls sollten unsere »Wege aus der Gefahr« auf Grund eines militärisch-politischen Wunschdenkens zu Wegen in die Gefahr werden.*

3. »Schritte zur Abrüstung« – Kritische Anmerkungen zu den Vorschlägen der »Gradualisten«

von Professor Wolf Graf von Baudissin, Hamburg

Konfliktfähigkeit tut not!

Wir sollten geeignete Verfahren zu rechtzeitiger und sachgemäßer Regelung der Streitfrage bzw. zum Entwurf gemeinsamer Strategien entwickeln. Das gilt sowohl innerhalb der Allianz als auch zwischen den Bündnissen. Weder die Bundesrepublik noch Westeuropa wären ohne den NATO-Verbund zu einer Sicherheits- oder Entspannungspolitik fähig, die diesen Namen verdiente.
Wir Christen sind in besonderer Weise zum Engagement auch in diesen Fragen gerufen. *Die Pflicht zu »Versöhnung und Gerechtigkeit« fordert von allen Beteiligten und Betroffenen die Bereitschaft, sich in die Zwangslagen und Ängste des anderen einzufühlen. Dies gilt gleichermaßen für Moskau, Warschau oder Ost-Berlin wie für Washington, Paris oder Bonn. Es gilt auch für die Diskussion mit anderen Christen, selbst wenn sie sicherheitspolitisch konträre Positionen vertreten.*

Diese sittliche Forderung unterstreicht und nährt die rationale Erkenntnis, daß es Sicherheit heute nur noch gemeinsam gibt. Sicherheit kann auch nur in enger Kooperation verstärkt werden. Verständnis für die andere Seite erleichtert es auch, das Risiko der gegenseitigen Abhängigkeit auf möglichst vielen Gebieten einzugehen. Vermutlich eröffnet dies auf Dauer die einzige Möglichkeit zu friedlichem Neben- und Miteinander.

Ich vermute, daß in dem bisher Gesagten ein hohes Maß an Einvernehmen – auch mit den »Gradualisten« – besteht. Diese wollen aber darüber hinaus einen »kirchlichen Konsens« für bestimmte konkrete politische »Schritte der Abrüstung« herstellen. *Ich frage: Ist es Aufgabe der Kirche, die Christen auf kirchlichem Gebiet politisch zu formieren? Suchen Christen nach »Entscheidungshilfen« und können sie wirklich selbst etwas zur Meinungsbildung beisteuern, dann sollte dies im Rahmen anderer gesellschaftlicher Gruppen geschehen. Der politische Pluralismus der christlichen Gemeinde und die gegenseitige Akzeptanz als »Brüder« sollte nicht gefährdet werden.* Das scheint mir ein Gebot der Nächstenliebe und zugleich eine Existenzfrage der Kirche zu sein.

Die Bedeutung des »Gradualismus« liegt für mich in der Warnung vor der Illusion, als könne man die tiefgreifenden ideologischen und machtpolitischen Konflikte dieser Welt und insbesondere zwischen Ost und West bei etwas gutem Willen plötzlich aus der Welt schaffen oder zumindest bis zur Wirkungslosigkeit entschärfen. Der Amerikaner Etzioni, einer der ersten Vertreter des »Gradualismus«, ging seinerzeit davon aus, daß diese Widersprüche und Unvereinbarkeiten sich nur in einem mühseligen, frustrierenden Schritt-für-Schritt-Prozeß unterhalb der Gewaltanwendung kontrollieren und regeln lassen. Da damals einigermaßen verläßliche Informationskanäle zwischen den Weltmächten fehlten, schlug er einseitige Rüstungsverzichte vor, als erste Signale einer Bereitschaft, mit Verständnis für die Lage des anderen zu verhandeln. Er hoffte, auf diese Weise den Dialog in Gang zu setzen und die totale Konfrontation der Sprachlosigkeit zu überwinden.

Diese »Sprachlosigkeit« hat sich inzwischen gegeben, ungeachtet der augenblicklichen Frostperiode. Es gibt permanent arbeitende Verhandlungsgremien – angefangen bei der UNO-Kommission für Abrüstung über den »Ständigen Beratungsausschuß« (SCC) von SALT bis hin nach Wien. Auch gibt es regelmäßige Treffen, wie z.B. im

Rahmen der »Konferenz für Sicherheit und Zusammenarbeit in Europa« (KSZE-Nachfolge). Daneben besteht ein dichtes Netz offiziell-diplomatischer Verbindungen. Dazu kommen inoffizielle Tagungen, Treffen und Besuche von Politikern und Wissenschaftlern, in denen die Sicht und die Konzepte beider Seiten dargelegt und intensiv diskutiert werden. Zwar spielen seit einiger Zeit die gegenseitigen Unterstellungen böser Absichten wieder eine verstärkte Rolle in den Erklärung der »Großen«. Solche Erklärungen werden mehr vom »worst-case«-Denken als von der Wirklichkeit bestimmt. Doch gerade dies dürfte durch einseitige Schritte nicht zu korrigieren sein. Die Wirkung solcher Einseitigkeiten hängt nun einmal nicht von den Absichten der Initiatoren ab, sondern von dem Echo, das sie auslösen.

Die Fragwürdigkeit einseitiger Schritte

Werden einseitige – erste, zweite, dritte – Schritte klein gehalten, dann sind sie mehr symbolischer Natur und zeitigen keine Konsequenzen, die zur Entspannung und kooperativen Rüstungssteuerung beitragen. Sie werden im anderen Lager sogar als »Falle« beargwöhnt. Im eigenen Bündnis bzw. in der eigenen Gesellschaft erzeugen sie Unsicherheit in bezug auf die Berechenbarkeit der amtierenden Regierung.

Handelt es sich dagegen um einschneidende Verzichte, welche die sicherheitspolitische Situation mehr oder weniger einseitig verändern, wachsen die Bedrohtheitsgefühle im eigenen Lager, während die Kompromißbereitschaft der Gegenseite im Zweifelsfall nachläßt. Sie meint nun, nur ihre Programme auch ohne eigene Konzession und Abstriche verwirklichen zu können.

Die Geschichte der bisherigen Maßnahmen beweist die Fragwürdigkeit solcher Einseitigkeit. Dabei wären zu nennen:

- der amerikanische Verzicht auf den »B I«-Bomber und die Produktion der Neutronen-Waffe;
- der Abzug von 1000 taktischen Nuklearwaffen;
- der »Vance«-Vorschlag weitreichender Reduktionen im Bereich der interkontinentalen Waffen;
- die Vorschläge Breschnews vom Oktober 1979 und März 1982 bzw. der Abzug sowjetischer Panzereinheiten aus der DDR.

Angesichts dieser einseitigen Maßnahmen oder Vorschläge wurde es entweder als unzumutbar empfunden, für noch nicht existierende Systeme etwas »geben zu sollen« bzw. unter Zugzwang gesetzt zu werden, oder es wurden die Reduzierungen als »irrelevant« dargestellt. In jedem Fall sprach man den Autoren den guten Willen ab und vermutete in den Angeboten eher arge List als Entspannungsbereitschaft.

Das nächstliegende Beispiel bietet die letzte Erklärung Breschnews, über dessen tatsächliche Absicht ich nicht urteilen will. Der Widerhall bei den meisten westlichen Regierungen und Gesellschaften ist negativ. Das liegt nicht zuletzt am Charakter solcher außer- wie undiplomatischen Botschaft. *Sie richtet sich an eine Vielzahl von Adressaten, ja an die Öffentlichkeiten. Damit werden die vernünftigen Spielregeln zwischenstaatlicher Verhandlungen vernachlässigt. Doch gerade diese Regelverstöße entsprechen dem Wesen wie den Methoden einseitiger Schritte.* Das Angebot aus Moskau blieb zwangsläufig unpräzise. Es enthielt auch keine verifizierbaren Angaben über den tatsächlichen Bestand an nuklearen Systemen. Es fehlten alle verbindlichen Aussagen über die weitere Stationierung solcher Systeme in Stellungen jenseits des Urals – aber mit Reichweiten bis nach Westeuropa. Es gab keine Aussage über Ausmaß und Tempo der weiteren Produktion, obwohl gerade damit Fakten hoher sicherheitspolitischer Relevanz geschaffen werden.

Eine ernsthafte Prüfung der Breschnew-Erklärung wird von vornherein durch die Drohungen erschwert und durch die offensichtliche Hinwendung an politische Kräfte im Westen, welche die sowjetische Position unterstützen sollen. Aus diesem ostentativen Unter-Druck-Setzen des Verhandlungspartners wird im Westen auf Mangel an sowjetischer Kompromißbereitschaft bzw. auf Desinteresse am Fortgang der Genfer Verhandlungen geschlossen. Wäre ein ähnliches Angbot am Konferenztisch vorgelegt worden, erschiene es von vornherein seriöser und ließe sich unschwer, aber für beide Teile verbindlicher hinterfragen. Nicht zuletzt wird durch diesen einseitigen Schritt eine Grundregel der Entspannungspolitik mißachtet, sich jeder Einmischung peinlichst zu enthalten. *Wer wirklich Entspannung will, ist an der Stabilität des anderen Systems und an der Entschlußfähigkeit seiner Führungsorgane vital interessiert. Zwar gehören einseitige Initiativen und Vorschläge in jeden Verhandlungsprozeß. Ihre Wirkung aber hängt davon ab, ob sie im rechten Augenblick und in Einfühlung in die Situation vorgebracht werden. Das kann nur an Ort und Stelle nachempfunden werden.*

Verzicht auf neue Atomwaffen?

Es besteht kein Zweifel darüber, daß keiner der Staaten in Ost und West ein Interesse am ungestörten Fortgang der leider in Industriestaaten üblichen Modernisierungsprozesse ihrer Rüstungen haben kann. Die Frage ist nur, wie dieser ständige Vorgang auch – und gerade – im Mittelstreckenbereich am wirkungsvollsten gesteuert werden kann: ob zunächst einseitig, oder auch von vornherein kooperativ. Der Vorschlag zu einem einseitigen Verzicht wird auf verschiedene Weise begründet. Man sagt, Westeuropa lebe schließlich seit den sechziger Jahren unter dieser Bedrohung. Es könne also nicht erwarten, daß die Sowjetunion auf diesem Gebiet Verständnis für die neuentstandenen Ängste der Europäer aufbringt. Dabei wird übersehen, daß die heute überalterten »SS 4 und 5« seinerzeit eine wichtige Funktion hatten: Sie machten Westeuropa zur Geisel für das Wohlverhalten der damals mit Kernwaffen noch unerreichbaren USA. Das hat sich inzwischen grundlegend verändert. Moskau verfügt heute über Tausende von Gefechtsköpfen, die auf Ziele aller Art in den Vereinigten Staaten gerichtet sind. Ihre Träger befinden sich übrigens nicht nur, oder vor allem, in den Silos der Interkontinentalraketen, wie in den »Abrüstungsvorschlägen« behauptet wird. Sie befinden sich auch auf U-Booten.
Sucht man nach einer plausiblen Funktion für die neue Generation sowjetischer Mittelstreckenraketen, die über die in mehrfacher Hinsicht kostspielige Rolle als »bargaining-chips« hinausreicht, bleibt eigentlich nur die Unterstützung der in Übungen oft geprobten – dem Schlieffen-Plan ähnlichen – präemptiven Großoffensive auf Atlantik und Mittelmeer. Selbst wenn diese Planung, was ich voraussetze, primär der Abschreckung dient, ganz so harmlos sind die »SS 20«-Raketen nicht. Sie bedrohen in ihrer jetzigen Zahl permanent 900 politische und militärische Ziele. Vor ihnen steht zudem eine Vielzahl von Kernwaffen kürzerer Reichweiten, die ebenfalls Westeuropa in jeder Krise alarmieren. *Diesen Tatbestand müssen vor allem diejenigen ernst nehmen, die meinen, daß die USA oder die UdSSR es für möglich halten, solche Kriegshandlungen auf Europa zu begrenzen, ohne selbst in das Inferno einbezogen zu werden.* Ein Versuch, solch ein Kriegsgeschehen noch zu kontrollieren und zu begrenzen, wäre jedoch mit so vielen physikalischen, technischen, taktischen, psychologischen und politischen Unbekannten be-

lastet, daß keine Seite sie von vornherein als einen Faktor einkalkulieren kann, der für sie selbst das Risiko senkt und einen Krieg ermöglicht.

Die Gefahr eines »Erstschlages«

Doch bleiben wir bei den amerikanischen Mittelstreckensystemen, die für die Stationierung in der Bundesrepublik und in anderen westeuropäischen Staaten vorgesehen sind. Die Träger sind – ebenso wie die russischen »SS 20«-Raketen – nicht an einen festen Ort gebunden. Ihre Sprengköpfe haben nur eine räumlich begrenzte Wirkung. Aus beiden Gründen können sie ihre Gegenwaffen nur sehr bedingt ausschalten. Die Angst vor ihnen kann also auch nicht einen partiellen »Erstschlag« der anderen Seite provozieren.

Die Begriffe »Erstschlag« im Gegensatz zum »Ersteinsatz« sowie »Erstschlagfähigkeit« im Gegensatz zur »Zweitschlagfähigkeit« sollten sorgfältig unterschieden werden. *Eindeutige Erstschlagwaffen gibt es nicht;* es lassen sich jedenfalls fast alle Systeme im Rahmen eines derartigen Planes einsetzen. Nur können bestimmte technische Qualitäten die Einsetzbarkeit bestimmter Systeme für einen Erstschlag verbessern. Ob sie aber für diesen Zweck je eingesetzt werden, hängt vom Gesamtpotential bzw. dem Kräfteverhältnis ab. *Erstschlagfähig wird eine Seite erst, wenn sie mit erheblicher Wahrscheinlichkeit alle ihr gefährlich erscheinenden Systeme der Gegenseite vor deren Abschuß zerstören kann. Erstschlagmöglichkeiten gibt es nur gegenüber einem Gegner, der über keine Zweitschlagfähigkeit verfügt.* Diese hängt vor allem von den U-Boot-Raketen ab, mit denen sich übrigens aus entsprechenden Positionen auch Ersteinsätze mit stark verkürzten Vorwarnzeiten durchführen lassen. So einzigartig ist die Bedrohung der Sowjetunion durch »Pershing II«-Raketen also nicht.

Würden im Rahmen einer Eskalation Ziele auf sowjetischem Territorium nuklear angegriffen, so wäre für Moskau vom Standpunkt der Abschreckung oder auch der Vergeltung nicht die Nationalität, Stellung oder Art des Trägers von Bedeutung, sondern einzig die Tatsache, daß alle Kernwaffen – ausgenommen vielleicht die französischen – durch den amerikanischen Präsidenten freigegeben werden. Politisch-strategische Ziele sowjetischer Gegenschläge werden also nicht auf europäischem Boden zu suchen sein. *Der Kreml kann seiner-*

seits nicht damit rechnen, daß Washington einem massiven Einsatz seiner Nuklearwaffen gegen zentrale westeuropäische Ziele untätig zusehen wird. Was aber wäre zu sagen, wenn der Pessimismus gegenüber den Weltmächten und ihrem angeblichen Desinteresse an Entspannung und Rüstungssteuerung berechtigt wäre? *Könnte die Bundesrepublik ihre atomare Gefährdung vermindern, wenn sie einer Stationierung moderner Atomsysteme auf deutschem Boden die Zustimmung verweigerte? Würde die Aufkündigung des »NATO-Doppelbeschlusses«, der auf Bonner Initiative zustande kam, nicht die westdeutsche Glaubwürdigkeit und den Einfluß als Bundesgenosse endgültig ruinieren?* Auch Moskau würde es nur noch als seinen willigen Gehilfen betrachten. Die Zeiten teutonisch-souveräner Außen-, Wirtschafts- und Sicherheitspolitik sind vorbei. Weder werden wir kriegerischen Auseinandersetzungen zwischen den Weltmächten unbehelligt zuschauen können, noch brauchen wir ein »begrenztes« Inferno zu füchten. *Sowohl Nicht-Krieg wie Krieg betrifft den Norden zwischen Wladiwostok und San Franzisko. Die Möglichkeit, sich herauszuhalten, gibt es nicht mehr.*
Die Risken, die mit einer beiderseits vereinbarten Stationierung der Mittelstreckenwaffen verbunden sind, würden weit mehr Anlaß zur Zuversicht als zur Furcht geben. Aufgrund der bisherigen Erfahrungen fürchte ich vielmehr, *daß sich die Sowjetunion nur bei entsprechender Entschlossenheit der NATO zu Streichungen in ihrem Programm bewegen lassen wird.*
Folglich halte ich die Mitarbeit an einem Genf-Abkommen, das der Null-Lösung möglichst nahekommt, für dringend. Dieser Rüstungsbereich läßt sich weder von SALT/START (interkontinentale Rüstungssteuerung), noch von MBFR (beiderseits ausgewogene Truppenreduzierung in Europa) oder von KSZE (Konferenz für Sicherheit und Zusammenarbeit in Europa) trennen. Auch hier scheint Kooperation im Bündnis wie zwischen den Bündnissen die beste Chance für ein stabiles Kräfteverhältnis auf möglichst niedriger Ebene zu bieten.

Umrüstung der Bundeswehr?

Die Bundeswehr entwickelt ihre höchste politisch-militärische Effizienz als vollintegrierter Teil des Bündnisses mit entsprechender Bewaffnung und Ausrüstung sowie mit angemessenen Führungsver-

fahren und Strukturen, Bereitschaftsgraden usw. Sonderkonzepte zur Vorbereitung eigenständigen Einsatzes müssen mit Sicherheit Argwohn in West und Ost erregen. Die Aufnahme der Bundesrepublik in die NATO geschah seinerzeit nicht nur zu unserem Schutz; die Regierungen wünschten auch einer Sicherheitsbedrohung durch ein wiedererstarkendes Deutschland vorzubeugen.
Der Vorschlag einseitiger »Umrüstung« zielt auf eine grundsätzliche Strategieveränderung. An die Stelle der heute geltenden gegenseitigen Abschreckung soll wieder klassische Verteidigung treten. Dem steht die Tatsache entgegen, daß die Waffenentwicklung durch Steigerung der Reichweiten, Eindringfähigkeit und Zerstörungskraft den »wirksamen Schutz des Territoriums« höchst verwundbarer moderner Industriegesellschaften längst zur Illusion werden ließ. Selbst die Weltmächte, die sich in ungleich günstigerer geostrategischer Lage befinden als die Bundesrepublik, können das Überleben ihrer Bevölkerung oder gar die Unversehrbarkeit des Gebietes, ja nicht einmal ihrer Zentralen garantieren. Um jeder Form kriegerischen Austragens von Konflikten bestmöglichst vorzubeugen, entwickelte man – zuerst in den USA – die Abschreckungsstrategie.
Das Dilemma jeder Abschreckung ist unbestritten: Nur der, der notfalls selbst zum Untergang bereit ist, schreckt glaubwürdig ab. Doch kann dies eigentlich nur den erschrecken, der zwar die eigene Ratio für intakt, die der Führungseliten jedoch für so unterentwickelt hält, daß sie selbst durch die einwandfrei kalkulierbaren Folgen eines ersten Schusses nicht zu beeindrucken wäre. Wer so denkt, sollte freilich jede Hoffnung auf friedlichere Beziehungen aufgeben.
Die von den »Gradualisten« und anderen vorgeschlagene Umrüstung basiert auf der Vorstellung, die Bundesrepublik sei aus einem Kernwaffenkrieg dadurch herauszuhalten, daß hier keine »militärischen Ziele« geboten werden. Diese »Oasen«-Möglichkeit ist zu bezweifeln. Zwei andere Gesichtspunkte sind aber noch gravierender: *Verteidigung ohne eine damit verbundene Drohung der Eskalation setzt das Risiko für einen Angreifer beträchtlich herab. Gerade dies aber würde dem Angreifer ermöglichen, selber die Ausdehnung, Intensität und Begrenzung der Kriegsführung zu bestimmen und die Auswirkungen vom eigenen Land fernzuhalten.* Sein eigenes Risiko wäre gering, während die Zerstörungen zwischen Weichsel und Rhein sehr schnell katastrophale Ausmaße annehmen würden. Zumindest für die betroffene Generation ist der Unterschied zwischen konventioneller und nuklearer

Kriegführung nicht groß. Das sollte man bei aller »faszinierenden« Ungeheuerlichkeit der Kernwaffen nicht vergessen.
Auch der Annahme, die offensichtlich »defensive Bewaffnung« werde die Sowjetunion von der »defensiven Absicht westlicher Sicherheitspolitik« überzeugen, vermag ich nicht zu folgen. Bei rationaler Beurteilung der Lage – und nur die interessiert hier – muß man zu dem Schluß kommen, daß das westliche Bündnis souveräner Staaten mit sehr unterschiedlichen Interessen sich nie zu einem Angriffskrieg wird entschließen können. Es wird bestenfalls auf die Wiederherstellung des durch eine Aggression verletzten Status quo drängen. Argumentieren wir militärisch, so wäre davon auszugehen, daß die Sowjets vermutlich nicht allein eurozentrisch orientiert sind und darüber die eigentliche Bedrohung durch amerikanische, später einmal vielleicht auch chinesische Waffen, übersehen. *Eine Umbewaffnung der Bundeswehr würde die Sowjetunion daher höchstens als Zeichen politischer Aufweichung im westlichen Bündnis beeindrucken. Eine verminderte Bedrohung würde sie hieraus nicht ablesen.*
Auch noch etwas anderes ist zu bedenken: Die Umbewaffnung verlangt neben der Veränderung der Strategie die Entwicklung und Einübung neuer Taktik. Dazu käme der Aufbau einer neuen logistischen Struktur – ja, zu Ende gedacht, eine Umstellung der militärischen Bevorratung, der Industrie, des Bevölkerungsschutzes und selbst der Wehrmotivation. Verteidigung als neue Strategie erfordert die Umstellung auf längere Dauer der Kriegführung; andernfalls kann ein Aggressor auf einen Handstreich-Erfolg oder baldige Ermattung seines Opfer setzen.
Ob sich die alliierten Regierungen, die in der Bundesrepublik Verbände stationiert haben, auf die Umstellung, auf ihren Termin und ihre Dauer einlassen würden, steht dahin. Sie wird vor allem Staaten schwerfallen, die Streitkräfte für Verwendungen außerhalb Mitteleuropas bereithalten wollen.

Kriegsverhütung im Alleingang?

Würde sich aber die Bundesregierung im Alleingang für diese Umstellung entschließen, dann ließe sich die bisherige NATO-Aufstellung nicht mehr aufrechterhalten. An der Grenze – also an der »Front« – können nicht Ver-

bände von unterschiedlicher Gliederung und Kampfweise stehen. Es würde eines der wichtigsten Elemente der Kriegsverhütung aufgegeben, die Gewähr, ja die Nötigung zu gemeinsamer Abwehr. Diese ergibt sich aus der multinationalen Zusammensetzung der Land- und Luftstreitkräfte in Mitteleuropa. Auf diese würde bei der jetzigen Dislozierung jede Aggression zwangsläufig treffen. Sie ist es ja, die jede bilaterale, also nach Teilnehmerstaaten begrenzte Kriegführung unmöglich macht. Allen Sorgen vor aggressiven Absichten einzelner Regierungen, vor allem der deutschen, wird hier überzeugender der Boden entzogen, als es bei der Umbewaffnung der Fall wäre. Hinzu kommt, daß es »Defensivwaffen« ebensowenig wie Erstschlag-Systeme gibt.

Ohne Zweifel muß über die Rationalisierung der taktischen Verteidigung ständig nachgedacht werden. Doch hat dies im Bündnisrahmen zu geschehen. Als Vertreter einer Militärstrategie konsequenter Kriegsverhütung kann ich nur nachdrücklich vor einer Perfektionierung der taktischen Verteidigung zu einer Weltkrieg III-Kapazität warnen. Ein gewisses Maß an Verwundbarkeit auf konventionellem Gebiet ist sogar ein weiteres Element glaubwürdiger Abschreckung, sofern für den Angreifer dabei die Gefahr einer atomaren Eskalation verbunden ist. *Rückfälle in perfektionierte klassische Verteidigungskonzepte gehen im Zweifelsfalle auf Kosten wirksamer Kriegsverhütung und erhöhen die Verteidigungsausgaben. Sie lockern mit hoher Wahrscheinlichkeit die Bündnissolidarität.*

Das Streben nach Schadensbegrenzung ist zwar mehr als verständlich, doch sollten Begrenzungsmaßnahmen den Schadensfall selbst nicht wahrscheinlicher machen. *Mir geht es um die Verhütung – nicht um Milderung oder um »Humanisierung« eines kriegerischen Austrags von Konflikten, in welcher Form immer er stattfindet. Man vergesse nicht, daß selbst niedere Intensitätsstufen katastrophale Wirkungen haben;* sie sind aller Voraussicht nach der Sockel für die Eskalation zu weltweiten Kriegen.

Auch bei der »Umrüstung« stehen also die Bündnisse bzw. Regierungen vor der Entscheidung, ob sie einseitig oder kooperativ vorgehen. Erste kooperative Schritte wurden mit »vertrauensbildenden und begleitenden Maßnahmen« bereits getan. Mit der Vereinbarung entsprechender Vorkehrungen verzichten beide Seiten auf Aggression aus dem Stand und auf andere bedrohliche Optionen. Sie eröffnen der anderen Seite Einblicke in das sicherheitspolitische Klima, die strategischen Absichten und die Ausrichtung des Instrumentes. Auf das von den »Gradualisten« angeregte Verbot von Rüstungsexporten kann - so einleuchtend dies wäre - hier nicht eingegangen werden. Für die Bundesrepublik spielt der Export von Rüstungsgütern im Vergleich zu den zivilen eine vergleichsweise geringe Rolle. Angesichts der ungeheuren Vielfalt der Beziehungen und Gefährdungen, die in der Dritten Welt bestehen und auch von dort auf die übrige Welt ausgehen, helfen aber noch so gut gemeinte einseitige und unilaterale Beschränkungen nicht weiter. Überlegungen über Gestalt und Methoden westlicher, ja nördlicher und später sogar globaler Zusammenarbeit auf diesem heiklen Gebiet sind als Teil solcher »Abrüstungsvorschläge« notwendig.

IV. Der militärische Beitrag zur Sicherung des Friedens

1. Friedensdienst durch Abschreckung vor Machtmißbrauch

von Generalinspekteur a. D. Ulrich de Maizière, Bonn

Waffenlose Staaten verhüten keinen Krieg

Niemand in unserem Lande zweifelt daran, daß der Krieg heute nicht mehr ein dem politischen Kalkül frei zur Verfügung stehendes und bewußt einplanbares Mittel des politischen Handelns sein darf. Das Ziel der Außen- und Sicherheitspolitik kann nur noch die Verhütung des Krieges und damit die Erhaltung des Friedens sein.
Es ist auch unbestritten, daß es nicht militärische Mittel allein sind, die Sicherheit vor äußerer Gewalt gewährleisten. Völkerrechtliche Vereinbarungen, Gewaltverzichtserklärungen, Rüstungsbegrenzungsverhandlungen, vertrauensbildende Maßnahmen, wirtschaftliche Kooperation können Spannungen abbauen und die Wahrscheinlichkeit militärischer Auseinandersetzungen mindern.
Andererseits hat die Geschichte bis in unsere Zeit hinein bewiesen, daß auch Waffenlosigkeit allein als Mittel der Friedenssicherung nicht ausreicht. Ein waffenloser Staat gleicht einem Vakuum, das politische Ideen und Kräfte von außen geradezu ansaugt. Er läuft Gefahr, Krisen und Konflikte zu produzieren, anstatt sie zu verhindern.
Es gibt daher auf der Erde keinen Staat ohne bewaffnete Kräfte, es sei denn, er habe seine Souveränität ganz oder teilweise verloren. Churchill drückte diesen Gedanken noch drastischer aus. Er meinte: Jeder Staat bezahle für Streitkräfte, für die eigenen – oder aber für fremde. Auch Regierungen, deren erstes politisches Ziel die Erhaltung des Friedens in Freiheit ist, müssen sich auf Machtmittel stützen können, die sie davor bewahren, fremden politischen Willen nachgeben und lebenswichtige Interessen des eigenen Landes preisgeben zu müssen. Selbst eine Politik der Neutralität kann nur erfolg-

reich sein, wenn sie bereit ist, das eigene Land gegen jede Aggression militärisch zu schützen. Die Schweiz hat das in den beiden Weltkriegen dieses Jahrhunderts unter Beweis gestellt.

Durchsichtige und verborgene Rüstungen

Umfang und Ausrüstung der benötigten Streitkräfte hängen von dem Umfeld ab, in dem sich der betroffene Staat jeweils befindet, vor allem von der Beantwortung der Frage, ob und in welchem Ausmaß er von außen politisch und militärisch bedroht ist.

Wenden wir hierzu den Blick auf unsere Region. Noch immer stehen sich in Europa zwei Blöcke von Staaten gegensätzlicher Überzeugungen, gesellschaftlicher Strukturen, wirtschaftlicher Systeme und politischer Zielsetzungen gegenüber, die Nordatlantische Allianz und der Warschauer Pakt. Die Bundesrepublik Deutschland liegt mit ihrem Territorium an der Naht dieser beiden Blöcke. Beide Bündnissysteme verfügen über starke militärische Mittel unterschiedlichen Charakters und unterschiedlicher politischer Aufgabenstellung.

Ein quantitativer und qualitativer Vergleich der militärischen Kräfte in Ost und West stößt auf einige Schwierigkeiten. Umfang, Organisation und Ausrüstung der Streitkräfte freiheitlicher parlamentarischer Demokratien sind von der Öffentlichkeit leicht festzustellen. Man findet nachprüfbare Angaben hierüber in den Haushaltsplänen, den Weißbüchern und anderen regierungsamtlichen Dokumenten. Selbst die Entwicklung und Einführung neuer Waffensysteme werden schon lange vor ihrer Verwirklichung offen und oft auch kontrovers diskutiert.

Ganz anders ist dies in den kommunistisch regierten Ländern. Angaben über die Streitkräfte unterliegen strengster Geheimhaltung. Auch dort, wo sie scheinbar offengelegt werden, sind Zweifel am Platze. Jedenfalls stimmen sie in aller Regel nicht mit den westlichen Erkenntnissen überein. Eine Nachprüfung aber, z.B. durch Kontrollen an Ort und Stelle, hat die Sowjetunion bisher konsequent abgelehnt. Der Westen ist daher – will er sich ein einigermaßen zutreffendes Bild verschaffen – auf seine eigenen Aufklärungsmittel angewiesen. Sie erlauben eine weitgehend zutreffende Beurteilung, ohne allerdings Fehleinschätzungen ausschließen zu können.

Militärische Macht und politischer Einfluß

Wie aber ist die *politische Zielsetzung* dieser andauernden, gerade im Jahrzehnt der Entspannungspolitik noch forcierten Rüstung der Sowjetunion und ihrer Verbündeten zu bewerten?
Man beurteilte die Sowjetunion falsch, wenn man ihr unterstelle, sie strebe nach einem Waffeneinsatz um jeden Preis. Jedoch gilt für die Sowjetunion die Fähigkeit zu militärischen Aktionen geradezu als außenpolitisches Handlungspotential. Sie bezeichnet in ihren offiziellen Schriften die Streitkräfte eindeutig als »Waffe«, nicht als »Mittel« der Politik. Die von ihren überlegenen Streitkräften ausgehende bedrohende Wirkung soll die Chancen für die Durchsetzung politischer Ziele vergrößern. Das erste Ziel also ist die Umsetzung militärischer Macht in politischen Einfluß und Vorteil.
Aber auch zum Kampf werden militärische Mittel eingesetzt, wenn dies ohne oder nur mit geringem, zumindest klar kalkulierbarem Risiko möglich ist. Fällt das abschreckende Risiko weg, zieht die Sowjetunion den aktiven offensiven Einsatz ihrer Streitkräfte ohne Bedenken als eine Möglichkeit außenpolitischen Handelns in Betracht. Hierfür gibt es genügend Beispiele bis hin zu Afghanistan.
In voller Übereinstimmung mit der kommunistischen Ideologie, die die Möglichkeit sogenannter »gerechter Kriege« voll bejaht, führen die Sowjets eine expansionsorientierte Außenpolitik.
Ganz anders sind die politischen Ziele der in der Nordatlantischen Allianz miteinander verbundenen Staaten des freien Westens. Das Bündnis ist auf Defensive ausgerichtet. Das gemeinsame Ziel ist die Sicherung des Friedens. Die militärischen Mittel der Allianz dienen dem Zweck, den Frieden zu erhalten, Konflikte einzudämmen, aber auch eine existenzgefährdende Herausforderung eines oder mehrerer Mitglieder durch Kampf abzuwehren. Die Rolle der Streitkräfte der Allianz ist demnach *»status-quo-orientiert«*. Vertragstexte, politische Richtlinien und die Verteidigungspläne der NATO spiegeln diese Zielsetzung wider.

Relatives Gleichgewicht genügt, aber nicht ohne USA

Unter diesen Gegebenheiten ist die Frage, ob der Frieden auch militärisch gesichert werden muß, uneingeschränkt mit Ja zu beantworten.

Zu prüfen bleibt allerdings, welche Mittel nach Zahl und Qualität dazu notwendig sind.

Es ist die übereinstimmende Auffassung der Regierungen aller NATO-Mitgliedstaaten, daß nur diejenigen militärischen Mittel benötigt werden, die der friedenerhaltenden und defensiven Politik der Allianz gerecht werden können.

Jeder potentielle Angreifer soll vor einer Aggression gegen die NATO oder eines ihrer Mitglieder abgeschreckt werden. Er darf sich keine Erfolgschancen für eine militärische Aktion ausrechnen können. Unter Abschreckung aber ist Verteidigungsfähigkeit auf der Basis des Gleichgewichts zu verstehen. Man beschreibt diese Politik also am besten mit dem Stichwort »*Frieden durch Gleichgewicht*«.

Gleichgewicht allerdings ist ein schillernder, jedenfalls nur schwer definierbarer Begriff. Er bedarf der Erläuterung.

- Gleichgewicht hat nicht nur militärische Komponenten; auch geographische, wirtschaftliche, technische, soziale und psychologische Elemente sind einzubeziehen. Die Priorität allerdings liegt bei den Streitkräften.
- Gleichgewicht bedeutet Verzicht auf militärische Überlegenheit ebenso wie die Ablehnung einer Position militärischer Unterlegenheit.
- Eine stabile Gleichgewichtssituation erfordert globale und regionale Ausgeglichenheit. Globales Ungleichgewicht entwertet regionale Ausgeglichenheit, weil letzterer der globale Rückhalt fehlt. Regionales Ungleichgewicht kann nur bedingt durch globales Gleichgewicht ausgeglichen werden.
- Gleichgewicht muß im Zusammenhang mit dem jeweiligen politischen Ziel gesehen und beurteilt werden. Für den, der sich auf Kriegsverhütung und Verteidigung beschränkt, müssen die beiden Schalen der Waage nicht gleichmäßig belastet sein. Nicht jedem Panzer, jedem Flugzeug oder jeder Rakete des Warschauer Paktes muß ein vergleichbares Waffensystem der NATO gegenüberstehen. Es genügt ein ungefähres, besser ein »relatives Gleichgewicht«; relativ in bezug auf das Ziel der Friedenserhaltung und Abschreckung. Dieser Weg wird in der NATO schon seit Anbeginn beschritten.
- Gleichgewicht kann auf verschiedenen Ebenen erreicht werden, also auch auf einer niedrigeren Ebene, als es zur Zeit der Fall ist. Nur, es muß ein relatives Gleichgewicht bleiben. Und das bedingt,

daß jedem Bedrohungspotential des Gegners ein vergleichbares, wenn auch nicht zahlenmäßig gleich großes Abschreckungspotential entgegengestellt werden kann, daß es also keine schwerwiegenden Lücken im Spektrum der eigenen Optionen geben darf.
- Gleichgewicht ist ein dynamischer Begriff, der ständiger Beobachtung und Anpassung bedarf.

Aus diesen Überlegungen ist im Zusammenhang mit dem schon dargestellten militärischen Kräftevergleich zu folgern:
- Das Potential von Staaten europäischer Größenordnung reicht nicht aus, um ihre Abhängigkeit und Unversehrtheit gegenüber sowjetischer militärischer Bedrohung allein aus eigener Kraft zu gewährleisten.
- Die Bundesrepublik Deutschland, ja ganz Europa, ist auf die in der Hand der USA befindlichen nuklearen Abschreckungsmittel angewiesen. Ohne den nuklearen Schirm, der Europa schützt, würde Europa der atomaren Erpressung der Sowjetunion schutzlos preisgegeben sein.
- Konventionelles und nukleares Gleichgewicht zur Sicherung des Friedens setzt eine enge Kopplung von Europa und den USA voraus.

»Atomwaffenfreie Zonen« – das Schlachtfeld von morgen

Häufig hört man den Vorschlag, man könne den Frieden durch die Schaffung einer *atomwaffenfreien Zone in Europa* sicherer machen. Das Gleichgewicht würde dadurch nicht beeinträchtigt, die atomare Konfrontation dagegen entzerrt.

Auf den ersten Blick scheint dies ein verlockender Gedanke zu sein. Er hat gerade bei uns in der Bundesrepublik Deutschland viele Anhänger gefunden.

Einer nüchternen Prüfung aber hält der Vorschlag nicht stand.
- Der weltweite Konflikt zwischen Ost und West ist durch eine atomwaffenfreie Zone in Europa noch nicht gelöst. Käme es doch zu einer militärischen Auseinandersetzung zwischen den Supermächten, würde Mitteleuropa – schon seiner geographischen Lage wegen – in jedem Falle Kampfzone werden und Zielgebiet für Atomwaffen von Ost und West bleiben.

- Es trifft auch nicht zu, daß eine atomwaffenfreie Zone in Europa die Konfliktwahrscheinlichkeit mindert. Gerade die Atomwaffen sind die stärkste Stütze der Abschreckungsfähigkeit der NATO. Sie mindern die politischen Folgen der konventionellen Unterlegenheit des Westens und stellen sicher, daß für jede Stufe der Eskalationsleiter ein angemessenes Mittel vorhanden ist. Werden einzelne Stufen herausgebrochen, wird die lückenlose Abschrekkung in Frage gestellt, das Risiko für den Angreifer berechenbarer.
- Selbst wenn wider alle Erfahrung die Sowjetunion zustimmen würde, auch Teile des Territoriums des Warschauer Paktes – wie Polen, die ČSSR, ja selbst westliche Distrikte der Sowjetunion – in eine atomwaffenfreie Zone einzubeziehen, ändert das nichts an der nuklearen Bedrohung für uns. Die sowjetischen Mittelstrekkenraketen können Mitteleuropa auch noch aus Gebieten ostwärts von Moskau erreichen.

  Würde aber Mitteleuropa von amerikanischen Atomwaffen geräumt werden, müßten diese jenseits des Atlantiks zurückgebracht werden, da Frankreich für eine Stationierung auf seinem Boden nicht zur Verfügung steht. Die Sowjets würden somit nicht nur ihre konventionelle Überlegenheit voll zur Geltung bringen, sondern die Bundesrepublik Deutschland jederzeit mit einer atomaren Erpressung konfrontieren können.
- Innerhalb des Bündnisses entständen zwei unterschiedliche Kategorien von Mitgliedstaaten. Die Bündnisterritorien würden in Sicherheitszonen verschiedener Qualität aufgeteilt werden. Dies könnte nicht ohne Auswirkung auf die Geschlossenheit der Allianz bleiben.
- Die Bundesrepublik Deutschland hat auf eine nationale Verfügungsgewalt über Atomwaffen verzichtet. Niemand in unserem Lande will daran etwas ändern. Nicht dagegen aber können und wollen wir auf eine Einflußnahme auf nukleare Entscheidungen verzichten. Diese werden wir aber nur ausüben können, wenn wir bereit sind, in Ausrüstung und Stationierung ein gleiches Risiko wie unsere Partner zu übernehmen.

Wir können uns eben nicht einfach aus dem politischen und militärischen Weltgeschehen »ausklinken« in der Hoffung, damit in Ruhe und Frieden leben zu können. Täten wir es dennoch, würden wir über unser Schicksal nicht mehr selbst bestimmen, andere würden es für uns oder über uns hinweg tun.

2. Sicherheitspartnerschaft – der Weg zur Abrüstung

von Professor Dr. Horst Ehmke, SPD, Bonn

Rüstungsspirale anhalten!

In dem Beschluß des Münchener SPD-Parteitages vom April 1982 zur Sicherheitspolitik heißt es in Ziffer 7:
»Eine Politik der Partnerschaft zur Sicherheit ist von Willy Brandt und Helmut Schmidt in der Verantwortung für unser Land kontinuierlich verfolgt worden; sie eröffnet die Perspektive, den elementaren Wunsch der Menschen und Völker nach Sicherheit als gemeinsame Aufgabe zu begreifen und zu lösen: Erst eine Partnerschaft zur Sicherheit ermöglicht, die Rüstungsspirale anzuhalten, Gleichgewichte zu vereinbaren, die Einführung neuer Waffensysteme zu verhindern, Abrüstungsvereinbarungen zu treffen und durch Vereinbarungen die Notwendigkeit der Abschreckung abzubauen. Eine Partnerschaft zur Sicherheit kann die Kräfte freisetzen, die erforderlich sind, um die großen Aufgaben der Menschheit anzupacken: Hunger und Unterentwicklung zu überwinden und das ökologische Gleichgewicht unseres gemeinsamen Lebensraumes, der Erde, herzustellen.«
Die Politik des westlichen Bündnisses, wie sie 1967 im Harmel-Bericht niedergelegt wurde, versteht Sicherheits- und Entspannungspolitik als zwei sich bedingende und ergänzende Elemente einer realistischen Friedenspolitik. Die Sicherheitspolitik soll dafür sorgen, daß die Sowjetunion von einem möglichen Angriff auf Westeuropa abgeschreckt und Westeuropa nicht Opfer von Erpressungsversuchen durch militärische Gewaltandrohung wird. Die Entspannungspolitik soll durch Gewaltverzicht und durch die Bereitschaft zu Kooperation und Interessenausgleich Spannungen und Mißtrauen zwi-

schen den Blöcken schrittweise abbauen. Zugleich sollen die klimatischen Voraussetzungen für Rüstungskontrolle und Abrüstung verbessert werden.
Man darf das Verhältnis von Entspannungspolitik und Abrüstung allerdings nicht im Schema eines simplen Nacheinanders sehen. Denn die Hochrüstung der beiden Supermächte ist heute nicht nur eine Folge, sondern auch selbst Ursache der sich verschärfenden Spannungen in der Welt. Auch an die Sicherheitspolitik ist daher die Frage zu richten, was sie über ihre unmittelbare Aufgabe des Schutzes unseres Landes und unserer demokratischen Entscheidungsfreiheit hinaus zum friedenssichernden Interessenausgleich beiträgt. Das führt uns zur heute heftig geführten Diskussion um zwei Begriffe:

Die Politik der »Abschreckung« und des »Gleichgewichts«

Die mit den Atomwaffen verbundene Philosophie der »Abschreckung« – die nicht begriffsnotwendig mit einer Politik des Gleichgewichts verbunden sein muß – wollte den Frieden zunächst dadurch sichern, daß dem potentiellen Gegner für den Fall eines Angriffs die nukleare Zerstörung seiner Städte und Industriezentren angedroht wurde. Diese Abschreckungsdoktrin war gegenüber der Sowjetunion so lange glaubhaft, als die Vereinigten Staaten zunächst ein Monopol und dann über Jahrzehnte immer noch eine deutliche Überlegenheit auf dem Gebiet der Atomwaffen besaßen. Nachdem die Sowjets inzwischen auf diesem Gebiet gleichgezogen haben und nun auch ihrerseits die Vereinigten Staaten nuklear vernichten können – ein Zustand, für den die Amerikaner die doppeldeutige Abkürzung »MAD« erfunden haben (mutual assured destruction) –, ist die Philosophie der Abschreckung mehr und mehr mit dem Gedanken des Gleichgewichts verbunden worden.
Dabei darf man Gleichgewicht nicht in einem bloß numerischen Sinne verstehen, wenn auch in Rüstungskontrollvereinbarungen zahlenmäßige Verhältnisse schon aus Gründen der *rechtlichen* Gleichheit eine große Rolle spielen. Militärisch gesehen geht es – und nur vom militärischen Teil des Machtgleichgewichts ist hier die Rede – um eine Gleichheit militärischer Optionen: *Keine Seite soll die Mög-*

lichkeit haben, die andere Seite militärisch auszuschalten oder zu erpressen. Die Anzahl von Erstschlagswaffen ist für diese Vorstellung der gleichgewichtigen Abschreckung z.B. nicht entscheidend, solange die andere Seite über eine gesicherte Zweitschlagskapazität verfügt, d.h. über strategische Atomwaffen, die einen nuklearen Erstschlag des Gegners überstehen und dann sein Land vernichten können.

Diese Vorstellung der gleichgewichtigen Abschreckung wird von der Entwicklung der Waffentechnologie in Frage gestellt: Die wachsende Zielgenauigkeit von Interkontinentalraketen – und in Zukunft erst recht von Marschflugkörpern – kann z.B. die Zweitschlagsfähigkeit der Gegenseite gefährden. Zugleich gibt diese Waffenentwicklung folgenden strategischen Überlegungen Auftrieb: Da die Androhung gegenseitiger gesicherter Vernichtung auf einen gemeinsamen Selbstmord hinausläuft, verliert sie gegenüber begrenzten atomaren und noch stärker gegenüber konventionellen Angriffen mehr und mehr an Glaubwürdigkeit. Man sagt zwar, zur Abschreckung reiche die Ungewißheit eines strategischen Vergeltungsschlages aus. *Aber kann man wirklich annehmen, daß die Führung der einen oder anderen Supermacht so »MAD« sein wird, die Vernichtung des eigenen Landes herauszufordern? Für den Fall eines sowjetischen Angriffs auf Westeuropa wirft dieser Umstand für die NATO das zusätzliche Problem einer Abkoppelung der strategischen Nuklearstreitkräfte der Vereinigten Staaten von der Verteidigung Europas auf.* Zunehmend sind daher strategische Optionen für begrenzte, selektive Atomschläge gegen die Streitkräfte, vor allem die strategischen Nuklearstreitkräfte der Gegenseite entwickelt worden. Dies verstärkt nicht nur die Tendenz zur Entwicklung von Erstschlagswaffen, sondern führt auch dazu, strategische Nuklearwaffen nicht mehr als politische Abschreckungs-, sondern als militräische Kriegführungswaffen anzusehen. Damit würde die Philosophie der Abschreckung im Grunde aufgehoben.

Die neue Strategiedebatte wendet sich angesichts dieses Sachverhalts mit Recht der Frage zu, ob wir nicht versuchen müssen, ein Gleichgewicht der konventionellen Optionen zu erreichen. Die Schwelle für den Einsatz von atomaren Waffen – dessen Eskalation im Ernstfall niemand kontrollieren kann – würde dadurch erhöht, statt sie immer niedriger werden zu lassen. Freilich, auch eine neue Strategie würde nicht einfach auf atomare Waffen, nachdem sie leider in der Welt sind, verzichten können. Wohl aber wäre es denkbar, sie auf Zweitschlagskapazität, d.h. auf die politische Dimension der

Abschreckung, zurückzuführen. Diese komplizierten Fragen sind aber nicht das Thema meiner Ausführungen.
Mein Thema ist vielmehr die Einsicht, daß aus den dargelegten Gründen die Abschreckungsphilosophie und die Gleichgewichtsdoktrin allein nicht ausreichen, beiden Seiten gleiche Sicherheit zu gewähren, um dadurch den Frieden zu stabilisieren. Keine Seite – und gäbe es noch soviel Geld für die Rüstung aus – kann sich heute allein Sicherheit verschaffen. Sicherheit gibt es für beide Seiten vielmehr nur noch gemeinsam oder gar nicht. Das will der Begriff der »Sicherheitspartnerschaft« zum Ausdruck bringen, der den Begriff eines *»vereinbarten* Gleichgewichts« umfaßt (siehe Ziffern 5 u. 7 des Beschlusses des Münchener SPD-Parteitages zur Sicherheitspolitik).
Das gemeinsame Überlebensinteresse im Atomzeitalter macht eine Sicherheitspartnerschaft notwendig, wenn die Welt nicht in einem nuklearen Holocaust enden soll.

Rüstungskontrolle

Die Notwendigkeit einer Sicherheitspartnerschaft läßt sich auch durch verfahrensmäßige Betrachtungen untermauern. In dem von beiden Großmächten unterzeichneten SALT-II-Vertrag (der zwar von den Vereinigten Staaten nicht ratifiziert worden ist, aber von beiden Großmächten bisher eingehalten wird) finden sich z.B. eingehende verfahrensmäßige Regelungen über die Kontrolle, die »Verifikation« der im Vertrag eingegangenen Verpflichtungen. *Ohne Verifikation gibt es keine Rüstungskontrolle. Die Sowjetunion muß sich ihr öffnen, obgleich das im Gegensatz zur Ideologie und zur Geheimniskrämerei ihres geschlossenen Systems steht.*
Artikel XV sieht z.B. vor, daß beide Seiten für die Kontrolle der Einhaltung des Vertrages die ihnen zur Verfügung stehenden technischen Aufklärungsmittel einsetzen dürfen. Beide Vertragsparteien sind verpflichtet, die Nachprüfungsmittel der anderen Vertragspartei nicht zu stören. Gleichzeitig verpflichten sich die Vertragsparteien, keine vorsätzlichen Verschleierungsmaßnahmen anzuwenden, welche die Nachprüfung der Einhaltung des Vertrages behindern würde. Zusätze zu diesem Artikel behandeln u.a. die Übertragung telemetrischer Informationen bei der Erprobung von Waffen und das

Verbot von Schutzbauten, die die Nachprüfung behindern könnten. *Das heißt: Die Sicherheit jeder Seite erfordert, daß die andere Seite sich insoweit partnerschaftlich verhält, als sie die Aufklärung – früher hätte man gesagt die »Spionage« – der anderen Seite nicht nur duldet, sondern auch nicht behindert.* In einer dem Vertrag beigefügten Erklärung über Grundsätze und Hauptleitlinien für künftige Verhandlungen heißt es darüber hinausgehend: »Weitere Begrenzungen und Verminderungen strategischer Waffen müssen einer angemessenen Nachprüfung durch nationale technische Mittel unterliegen, wobei zusätzlich gegebenenfalls kooperative Maßnahmen angewendet werden können, die zur Wirksamkeit der Nachprüfung durch nationale technische Mittel beitragen.«

Für die Erörterung solcher Fragen und für die Förderung der Verifikation ist eine gemeinsame Beratungskommission vorgesehen, die u.a. eine gegliederte Datenbasis über strategische Waffen führen soll. Andere Vertragsartikel verpflichten die Vertragspartner, der anderen Seite jeweils rechtzeitig den Start von Interkontinentalraketen zu notifizieren.

Die Verfahrensvorschriften des SALT-II-Vertrages über die Verifikation – deren weitere Verbesserung einer der Zentralpunkte der START- wie der INF-Verhandlungen in Genf sein wird – machen es überdeutlich: Schon heute ist für jede der beiden Seiten Sicherheit nur in Kooperation mit der anderen Seite erreichbar. Dies setzt nicht nur den Abschluß von Rüstungsbegrenzungsabkommen, sondern zusätzlich auch die kooperative Kontrolle der Einhaltung solcher Abkommen voraus. Diese Vorschriften des SALT-II-Vertrages sind zugleich Beispiele für »vertrauensbildende Maßnahmen«, wie wir sie im KSZE-Bereich in Vereinbarungen über die Ankündigung von Manövern und die Zulassung von Manöver-Beobachtern wiederfinden.

Sicherheitspartnerschaft – der Weg zum Frieden

Der Begriff der Sicherheitspartnerschaft ist von großer Bedeutung für die Auseinandersetzung mit Ansichten, wie sie in den Reihen der »Friedensbewegung« vertreten werden. Dabei muß ich die grundsätzliche Auseinandersetzung mit dem Pazifismus, den ich weder für gute Theologie noch für gute Politik halte, soviel Respekt ich vor ihm habe, hier ausklammern.

Der Begriff der Sicherheitspartnerschaft geht aber nicht nur von der Notwendigkeit eigener militärischer Streitkräfte aus. Darüber hinaus ist unter den heute gegebenen Umständen auch das Weiterbestehen der Blöcke eine Voraussetzung für das Erreichen von Sicherheit. Damit wird der Ansicht, die Bundesrepublik könne dadurch mehr Sicherheit erreichen, daß sie aus dem NATO-Bündnis ausschere, eine eindeutige Absage erteilt. *Die Vorstellung eines bundesrepublikanischen Naturschutzparkes zwischen den bis zum Hals nuklear gerüsteten Großmächten ist zu romantisch, um nicht für manche deutsche Seele verführerisch zu sein. Mehr Sicherheit würde sie aber weder für uns noch für andere bringen.*

Die Begriffe der Sicherheitspartnerschaft und des vereinbarten Gleichgewichts erteilen zugleich Vorstellungen eine Absage, mehr Sicherheit könne für die Bundesrepublik und Westeuropa durch einseitige Abrüstung erreicht werden. Es ist unbestritten, daß unter bestimmten Umständen begrenzte einseitige Schritte ein Instrument sein können, die andere Seite zu ähnlichen Rüstungsbegrenzungs- und Abrüstungsschritten zu bewegen. Es ist aber unrealistisch zu meinen, einseitige Schritte – zudem noch von einem Land, das Gott sei Dank auf A-, B- und C-Waffen für immer verzichtet hat – könnten das Bemühen ersetzen, die beiden nuklearen Supermächte zur sicherheitspartnerschaftlichen Verwirklichung ihrer im Nichtverbreitungsvertrag übernommenen Abrüstungsverpflichtung zu bewegen.

So erweist sich das Konzept der Sicherheitspartnerschaft als ein Konzept realistischer Politik zwischen konservativer Ideologie und radikaler Utopie.

3. »Atomwaffenfreie Zone« in Europa

von Herwig Pickert, Oberstleutnant i. G. im Wissenschaftlichen Beratungsdienst des Deutschen Bundestages

Bestehende Verträge

Im Laufe der letzten dreißig Jahre hat es eine ganze Reihe von Vorschlägen zur Schaffung von atomwaffenfreien Zonen gegeben; besonders bekannt geworden ist der Rapacki-Plan des Jahres 1957. Er erstrebte den Abzug aller Nuklearwaffen aus Mitteleuropa. Schlachtfeld kriegerischer, ja sogar atomarer Auseinandersetzungen wäre es trotzdem geblieben.

Atomwaffenfreie Zonen wurden vertraglich festgelegt im

- Antarktisvertrag von 1959 (keine militärische Tätigkeit am Südpol);
- Weltraumvertrag von 1967 (keine militärische Nutzung von Mond und den Sternen, keine Massenvernichtungswaffen auf Erdumlaufbahnen oder im Weltraum, wohl aber militärische Nutzung von künstlichen Satelliten bis hin zu Killersatelliten);
- Meeresbodenvertrag (er verbot, auf dem Meeresboden oder im Meeresuntergrund außerhalb der Zwölf-Meilen-Zone Massenvernichtungswaffen zu stationieren oder Bauten, Abschußanlagen etc. dafür zu errichten);
- Vertrag von Tlatelolco (er erklärte Lateinamerika und die angrenzenden Seegebiete zur atomwaffenfreien Zone; leider haben gerade die als »nukleare Schwellenmächte« bezeichneten Länder – Brasilien, Chile, Argentinien – den Vertrag nicht in Kraft gesetzt, Cuba hat ihn nicht einmal unterzeichnet; »atomwaffenfreie Zonen« wurden also dort praktisch nicht erreicht, obwohl dort bisher keine direkte Konfrontation von Nuklearmächten wie in Europa besteht.).

Die jüngsten Vorschläge

Auf einem *Hearing des Ökumenischen Rates der Kirchen* über Atomwaffen und Abrüstung in Amsterdam wurde im November 1981 der

Vorschlag atomwaffenfreier Zonen in Europa und im Pazifik gemacht. *Die Bedingungen dieses Vorschlages laufen aber auf die Auflösung der bestehenden Bündnisse hinaus. Damit dürften sie in unserer augenblicklichen politischen Lage und auch auf absehbarer Zeit keine realistische Chance zur Verwirklichung haben.*

Vor einigen Monaten veröffentlichte die »Unabhängige Kommission für Abrüstung und Sicherheit«, die sogenannte *Palme-Kommission*, einen neuen Vorschlag. Danach soll in unserer Region eine von nuklearen Gefechtsfeldwaffen freie Zone geschaffen werden. Sie soll in einer Breite von 150 km beiderseits der Grenze von Mitteleuropa aus bis in die äußersten nördlichen und südlichen Flanken der beiden Militärbündnisse reichen.

Interessanterweise äußerte das sowjetische Mitglied der Palme-Kommission, Georgij Arbatov, Mitglied des Zentralkomitees der KPdSU, Zweifel an der Nützlichkeit des Kommissionsvorschlages im Sinne einer Rüstungskontrolle.

Eine Reihe von Kommissionsmitgliedern unterstützte einen zusätzlichen Vorschlag, der vom Prinzip der gleichen Sicherheit ausgeht und sich aus drei Elementen zusammensetzt: Abzug aller Atomwaffen aus den europäischen Staaten, die nicht über sie verfügen; Herstellung eines annähernden konventionellen Gleichgewichts zwischen NATO und Warschauer Pakt; Aufrechterhaltung der beiden Bündnisse mit ihren Verpflichtungen und Garantien.

Deutlich ist, daß beide Vorschläge aus der Palme-Kommission Europa nicht atomwaffenfrei machen würden. Beim ersten Vorschlag würde sich ein 300 km breites atomwaffenfreies Band durch Europa ziehen, beim letzteren würden die Nuklearwaffen in der Sowjetunion, Frankreich und Großbritannien verbleiben, nur die USA müßten ihre Atomwaffen aus Europa abziehen.

Mit der Bombe leben

Bevor wir uns mit den Voraussetzungen und Konsequenzen einer nuklearwaffenfreien Zone in Europa auseinandersetzen, müssen wir uns zumindest zwei Dinge klar vor Augen führen.

Zum einen muß uns bewußt sein, daß wir weiterhin mit der Bombe leben müssen. Es gibt keinen Weg zurück in die nukleare Unschuld. Das Wissen um die Nuklearwaffen und die Fähigkeit zu ihrer Herstellung sind spätestens seit dem 6. August 1945, als die erste Atombombe auf Hiroshima geworfen wurde, unauslöschlich mit der Geschichte der Menschheit verbunden. Es ist heute nicht die Frage des »Ob«, sondern die Frage, *wie* wir mit der Gefährdung unserer Existenz durch die Nuklearwaffen umgehen und sie hoffentlich bewältigen.

Von daher sind auch alle Forderungen nach totaler nuklearer Abrüstung illusionär, solange wir auf der Welt in den heutigen Kategorien von Außen- und Sicherheitspolitik handeln. *Erst eine sich bisher in keiner Weise abzeichnende Weltinnenpolitik könnte aber eine Abschaffung der Nuklearwaffen bewirken; ob eine solche Weltinnenpolitik unter den Vorzeichen von Freiheit und Menschenrechten möglich sein könnte, ist eine andere Frage.*

Der zweite Aspekt, den wir bei der Beschäftigung mit der Frage einer nuklearwaffenfreien Zone in Europa vor Augen haben sollten, ist die Tatsache der beiden Bündnisse. Zumindest auf vorhersehbare Zeit werden NATO und Warschauer Pakt – ohne diese gleichsetzen zu können und zu wollen – unter der Führung der USA beziehungsweise der UdSSR weiterbestehen. Würden wir oder ein anderer Staat versuchen wollen, aus diesen Bündnissen auszusteigen, so müßte das eine gefährliche Destabilisierung des internationalen Gefüges und damit des Friedens hervorrufen.

Kündigung der Risikogemeinschaft

Was aber würde es bedeuten, wenn jetzt hier in Europa unter Einschluß der Bundesrepublik Deutschland und der DDR eine atomwaffenfreie Zone ausgerufen würde?

Einerseits wäre es sehr zweifelhaft, ob die USA bereit wären, ihr bisheriges Engagement auf dem europäischen Kontinent aufrechtzuerhalten. Kein amerikanischer Präsident, kein amerikanischer Kongreß könnte gegenüber dem eigenen Volk vertreten, eigene Soldaten in nennenswertem Umfang in unmittelbarer Nähe einer auch konventionell so hoch gerüsteten, antagonistischen Macht zu stationieren, ohne sie gleichzeitig mit den nach ihrer Ansicht erforderlichen Waffen auszurüsten.

Die Rolle der amerikanischen Streitkräfte in Europa und nicht zuletzt gerade ihrer Nuklearwaffen soll doch deutlich unterstreichen, daß die Sicherheit und Freiheit der USA mit der der Europäer unlösbar verknüpft ist. Die Vereinigten Staaten stehen mit der Substanz ihrer Nation für die Sicherheit unserer europäischen Länder ein. Sie sind bereit, die Frage ihres eigenen Überlebens für Abschreckung vor einem Krieg in Europa in die Waagschale zu werfen.

Unter den gegebenen Umständen bedeutete eine Denuklearisierung der amerikanischen Streitkräfte in Europa doch – falls die USA überhaupt ihre Präsenz in einem vergleichbaren Umfang aufrechterhalten würden –, *daß sich Europa von dem gemeinsamen Risiko der Abschreckung abkoppeln will.* Könnte man es da von den USA verlangen, daß sie weiterhin bereit sind, nicht nur erhebliche Lasten für die gemeinsame Sicherheit zu tragen, ja, daß sie ihre Existenz für die Verteidigung Europas aufs Spiel setzen?

Hinter den Vorschlägen einer atomwaffenfreien Zone steht oft nicht allein der Wille, die Welt sicherer zu machen. Ist es nicht vielmehr oft eine aus der Angst geborene Hoffnung, daß im Falle eines Konfliktes die Supermächte den Nuklearkrieg über unsere Köpfe hinweg unter sich austragen möchten? Wir würden dann ja, weil wir atomwaffenfrei wären, von einem solch nuklearen Schlagabtausch nicht betroffen!

Das aber würde die Kündigung der Risikogemeinschaft der Bündnispartner bedeuten, wobei wir gleichzeitig die vom Bündnis bewirkte Sicherheit aber gerne in Anspruch nähmen.

Denkweisen dieser Art gehen zumeist von der falschen Überlegung aus, die Nuklearwaffen seien Waffen zur Kriegführung, als ließe sich heute noch ein Krieg nach den Grundsätzen von Clausewitz einfach als Akt der Gewalt definieren und handhaben, um den Gegner zur Erfüllung des eigenen Willens zu zwingen. Aber man kann heute den Krieg nicht mehr so einfach als Fortsetzung der Politik unter Einmischung anderer Mittel definieren und in das Kalkül ziehen.

Unter dem Damoklesschwert der Nuklearwaffen kann Sicherheitspolitik nicht mehr auf eine Option zur Kriegführung abzielen; sie muß sich vielmehr an ihrem Beitrag zur Kriegsverhinderung unter gleichzeitiger Bewahrung unserer Lebensordnung messen lassen. Auf dieser Grundlage kann dann unter Berücksichtigung der politischen Gegebenheiten versucht werden, Wege zu einem wirklichen Frieden zu suchen.

Kriegsverhütung durch Atomwaffenfreiheit?

Wie aber sieht es mit der Kriegsverhinderung in und für eine atomwaffenfreie Zone an der Nahtstelle zwischen den antagonistischen Systemen aus?

Im Augenblick steht jeder Konflikt zwischen NATO und Warschauer Pakt unter der Drohung der nuklearen Eskalation. Diese könnte auch die Auslöschung der beiden Führungsmächte nach sich ziehen. Damit ist es im allseitigen Interesse, daß ein solcher Konflikt gar nicht erst bis zur Anwendung militärischer Macht kommt. *Die Macht des nuklearen Inferno neutralisiert so auch in gewissem Umfang konventionelle Ungleichgewichte.*

In einer atomwaffenfreien Zone bestünde wahrscheinlich ein geringeres Interesse an der Vermeidung der Gefahr, daß die Antagonismen in einen bewaffneten Konflikt umschlagen; denn es würde sich ja »nur« um einen konventionellen Krieg handeln.

Schon jetzt ließen manche amerikanischen Äußerungen bei uns die Sorge aufkommen, als strebten die USA die Fähigkeit zur Führung eines auf Europa begrenzten nuklearen Krieges an. Sicherlich wollen die USA keinen Krieg – weder einen nuklearen noch einen konventionellen. Aber wir müssen uns darüber im klaren sein, daß es ein legitimes Interesse der USA ist, im Falle eines bewaffneten Konfliktes in Europa den Schaden für ihr eigenes Land möglichst gering zu halten. Das bedeutet natürlich, daß auch der Versuch gemacht würde, den Krieg in Intensität und regionaler Ausdehnung zu begrenzen. Sind aber in dem Kriegsgebiet Nuklearwaffen zur Abwehr einer Aggression vorhanden, so besteht für alle die Gefahr der nuklearen Eskalation. Es bliebe nur die Hoffnung, daß ein solcher Krieg schnell beendet und die Abschreckung auf einer höheren Ebene wiederhergestellt würde. Aber selbst dies wäre nicht gewiß.

Bisher hat die Unwägbarkeit der Eskalationsmöglichkeit gerade auch durch die hier präsenten nuklearen Waffen entscheidend dazu beigetragen, daß niemand in Europa das Risiko einging, die bestehenden Gegensätze in einen bewaffneten Konflikt umschlagen zu lassen.

Die Existenz der Nuklearwaffen war und ist angesichts des konventionellen Kräfteverhältnisses in Europa ein Eckstein der Kriegsverhinderung.

Sehen wir uns die bewaffneten Konflikte der letzten Jahrzehnte an:

Sie wurden zwischen Staaten ausgetragen, die keine Nuklearwaffen hatten. Zumindest war jeweils höchstens eine Nuklearmacht verwikkelt (sofern keine nukleare Eskalation durch die andere Seite zu befürchten war). Genau diese Situation, unter der 130 Kriege seit 1945 entstanden sind, würde für uns eintreten, wenn wir jetzt bei uns eine atomwaffenfreie Zone schaffen würden. Insbesondere die konventionelle Überlegenheit des Warschauer Paktes in Europa und die auf Offensive ausgerichtete Struktur, Ausrüstung und Doktrin seiner Streitkräfte ließe einen Krieg in den Bereich des Möglichkeiten geraten. Zentraleuropa, das potentielle Kampfgebiet, liegt weit entfernt von den Führungsmächten der beiden Bündnisse. Ein konventioneller Krieg bei uns würde keine unmittelbare Gefahr für die Supermächte zur Folge haben. Eine nukleare Eskalation aus dem vom Krieg betroffenen Gebiet brauchten sie selbst nicht zu fürchten. *Die ausschließlich konventionelle Verteidigung würde das Risiko des Angreifers begrenzen. Die Lasten des Krieges würden in erster Linie den Opfern der Aggression, also uns Mitteleuropäern, aufgebürdet. Für uns aber kann auch ein »nur« konventioneller Krieg den Verlust der Substanz unserer Nation zur Folge haben.*

Für uns kommt es also nicht in erster Linie darauf an, die Nuklearwaffen in unserer Region abzuschaffen, sondern wir müssen alle Anstrengungen darauf richten, den Krieg zu verhindern. Jeden Krieg! Gleichzeitig müßte unsere Lebensordnung mit ihren Freiheiten und Rechtssicherung bestehen bleiben; ohne Freiheit würden wir zum nahezu willenlosen Satelliten einer fremden Supermacht.

Zwei Stimmen von dem erwähnten Hearing des Ökumenischen Rates der Kirchen sollten uns nachdenklich stimmen.

Der indische Politiker K. Subrahmanyam, Direktor des Institutes für Verteidigungsstudien und -analysen in Neu-Delhi, lehnte laut Evangelischem Presse-Dienst (epd) atomwaffenfreie Zonen scharf ab. Sie seien nichts anderes als neue Protektorate, in denen die Großmächte sich nach Belieben einmischen, schalten und walten könnten. Angesichts der Zahl und Reichweiten der nuklearen Waffensysteme außerhalb einer solchen nuklearwaffenfreien Zone ist diese Befürchtung der politischen Einflußnahme, ja der Erpreßbarkeit von außen, durchaus nicht von der Hand zu weisen. Der Inder erklärte, solange nicht alle Atomwaffen geächtet seien, sei er für sie: »Wir Inder verlassen uns auf die Abschreckung. Ich werde so die Interessen

meines Landes nach den Maßstäben Ihrer pervertierten Weltordnung verteidigen.«
Und auf die Forderung eines Vertreters des britischen Rates der Kirchen nach atomwaffenfreien Zonen fragte *der Schwede Olle Dahlén, Vorsitzender der ÖRK-Kommission der Kirchen für Internationale Angelegenheiten* (KKIA): »Was hilft die Erklärung der Einrichtung atomwaffenfreier Zonen, wenn russische U-Boote mit Atomwaffen in Ihre Hoheitsgewässer eindringen? Was können Sie denn noch mehr tun, als Ihre Neutralität erklären?« Eine Antwort erhielt er nicht.

Sicherheitszusagen der Nuklearmächte

Es gibt zwar bereits die sogenannten »negativen Sicherheitszusagen« der Nuklearmächte: sie wurden 1980 vor dem Genfer Abrüstungsausschuß abgegeben. Aber ihr Inhalt relativiert ihre Bedeutung für die wirkliche Sicherheit atomwaffenfreier Zonen.

- Frankreich bot Verhandlungen über den verbindlichen Verzicht auf Einsatz oder Drohung mit Nuklearwaffen gegen Staaten in nuklearwaffenfreien Zonen an.
- Die USA und Großbritannien sicherten zu, keine Kernwaffen gegen Staaten einzusetzen, die dem Nichtverbreitungsvertrag beigetreten sind oder verbindlich auf die Herstellung und den Erwerb von Nuklearwaffen verzichtet haben; diese Zusicherung gilt jedoch nicht im Falle eines Angriffs auf die USA bzw. Großbritannien oder ihre Verbündeten durch einen mit einem Kernwaffenstaat verbündeten oder assoziierten Staat.
- Die Sowjetunion bot internationale Abmachungen an, gegen Unterzeichner einer derartigen Konvention, die auf Herstellung, Erwerb oder Stationierung von Kernwaffen verzichten, nicht Kernwaffen einzusetzen oder mit deren Einsatz zu drohen. Nur der Angriff einer Nuklearmacht gegen die Sowjetunion oder ihre Verbündeten könnte die Sowjets zum Einsatz dieses äußersten Mittels zwingen. Interessanterweise läßt diese Erklärung trotz eines auch schon früher ausgesprochenen Verzichtes auf den Ersteinsatz von Nuklearwaffen die sowjetische Option hierfür offen.

Dieser *Verzicht auf den Ersteinsatz nuklearer Waffen* spielt in der jüngsten Diskussion eine erhebliche Rolle, nachdem vier prominente

Amerikaner, darunter der ehemalige US-Verteidigungsminister McNamara, einen entsprechenden Vorschlag für die NATO gemacht und Generalsekretär Breschnew einen ebensolchen gegenseitigen Verzicht erneut angeboten hatten.
Folgten wir diesen Vorschlägen, so wären für uns die Auswirkungen ähnlich wie bei der Schaffung einer atomwaffenfreie Zone. Wir stünden der konventionellen Übermacht des Warschauer Paktes gegenüber. Diese ist im Unterschied zur NATO-Strategie offensiv ausgerichtet. Sie brauchte die konfliktverhindernde und konflikteindämmende Existenz der Nuklearwaffen nicht zu fürchten und könnte ihre Übermacht voll einsetzen.
Einen Verzicht auf Ersteinsatz nuklearer Waffen würde nicht nur die vollständige Aufgabe der geltenden NATO-Strategie, sondern auch den Zwang bedeuten, konventionell erheblich aufzurüsten, um auch ohne Nuklearwaffen vielleicht von einer Aggression abschrecken zu können. *Zugleich müßte aber – wie dargelegt – die Befürchtung wachsen, daß eine solche konventionelle Abschreckung weit brüchiger wäre und dann ein Krieg wieder eher führbar.*
Die Option auf einen Ersteinsatz mit Nuklearwaffen ist zur Zeit noch unverzichtbarer Bestandteil des strategischen Konzeptes der NATO und muß dies bleiben, solange keine anderen wirksameren Möglichkeiten zur Kriegsverhinderung und Verteidigung erreicht sind. Während ein nuklearer Ersteinsatz der NATO allein die Folge einer gegnerischen Aggression wäre, kann nicht genug betont werden, daß es immer der erklärte Grundsatz der NATO war und bleibt, Waffen überhaupt nicht als erste einzusetzen. Dies wurde erneut auf dem Bonner *NATO-Gipfel im Sommer 1982 bekräftigt: »Keine unserer Waffen wird jemals eingesetzt werden, es sei denn als Antwort auf einen Angriff.«* Eine solche grundsätzliche Haltung wiegt weit stärker und trägt mehr zur Erhaltung des Friedens bei als ein bloßer Verzicht auf den Ersteinsatz von Nuklearwaffen.

Möglichkeiten zur Abrüstung

Was aber sollte, was kann in unserer Lage getan werden? Allen Einsichtigen ist bewußt, daß die beiderseitigen Potentiale ein sinnvolles Maß bei weitem übersteigen. Insbesondere ist dies unter dem Stichwort der »Overkill«-Kapazitäten bekannt. Auch muß uns die Gefahr vor Augen stehen, die von der Möglichkeit einer ungewollt frühen Eskalation durch die Existenz zahlreicher nuklearer Gefechtsfeldwaffen sehr kurzer Reichweite ausgeht.

Eine Reduzierung der nuklearen Potentiale aller Reichweiten und beider Seiten liegt in unser aller Interesse, solange dadurch nicht die kriegsverhindernde Abschreckungswirkung aufs Spiel gesetzt wird.

Initiativen und Verhandlungen für beiderseitige Abrüstung haben für den interkontinentalen und den eurostrategischen Bereich begonnen. Auf konventionellem Gebiet wird seit langem in Wien verhandelt. Die nuklearen Gefechtsfeldwaffen sind bisher nicht erfaßt, und es zeichnet sich die Gefahr ab, daß hier eine neue Grauzone entstehen könnte.

Die Aussichten der verschiedenen Verhandlungen werden sehr unterschiedlich beurteilt. Es gibt hoffnungsvolle Anzeichen für den Bereich der interkontinentalen und eurostrategischen Waffen. Aber auch der erfolgreiche Abschluß dieser Verhandlungen würde uns keine atomwaffenfreie Zone in Europa bescheren. Aus unserem eigenen Interesse kann sie zur Zeit auch nicht unser Ziel sein. Wie aber ließe sich hier bei uns an der Nahtstelle der Bündnisse die Konfrontation abbauen und ein größeres Maß an Sicherheit gewinnen?

Besonders ein Weg scheint mit Hoffnung auf Erfolg gangbar zu sein, nämlich den in Helsinki begonnenen KSZE-Prozeß fortzuführen und auszubauen.« Es ist zu hoffen, daß sich die Madrider KSZE-Folgekonferenz zu einem Mandat für eine Konferenz für Abrüstung in Europa (KAE) durchringen kann. Es liegen bereits verschiedene Vorschläge für eine solche KAE auf dem Tisch. Was müßte ihr Ziel sein?

- Angesichts der Anhäufung konventioneller Waffen und der daraus resultierenden erhöhten Gefahr eines Überraschungsangriffes müßte ein Mehr an Sicherheit durch geeignete vertrauensbildende Maßnahmen (CBM – Confidence Building Measures) und durch die Begrenzung bzw. Reduzierung der konventionellen Waffen erreicht werden.
- In einer ersten Phase einer KAE könnten – im Gegensatz zu den bloßen Absichtserklärungen der KSZE – *verbindliche* und *nachprüfbare* CBM vereinbart werden, die das militärische Verhalten der jeweils anderen Seite besser durchschaubar und vorhersehbar machen. Die Vorbereitung einer überraschenden Aggression

würde erschwert. In einer zweiten Phase müßte man sich dann der eigentlichen Begrenzung und Reduzierung von konventionellen Waffen zuwenden. Eindeutiger Schwerpunkt wäre hierbei auf die Systeme zu legen, die durch ihre Verbindung von Feuerkraft und Beweglichkeit die Offensivkapazität der Land- und Luftstreitkräfte ausmachen, d.h. insbesondere Kampfpanzer, Panzerfahrzeuge der Infanterie, Feldartillerie und Raketenwerfer, Jagdbomber und Kampfhubschrauber.

Dieses ist in etwa ein von Frankreich vorgelegter Vorschlag, der von anderen westlichen und auch neutralen Ländern unterstützt wird.

Gemeinsame Sicherheit oder keine

Vielleicht steht am Ende einer KAE ein Ergebnis, das die Möglichkeit eröffnet, in Europa ganz oder weitgehend auf Nuklearwaffen zu verzichten, weil sich alle Seiten auf eine entsprechende Verdünnung ihrer Militärpotentiale und den Abbau der konventionellen Offensivkapazitäten in unserer Region geeinigt haben. Ein solches Ergebnis sollte man anstreben, und es erscheint langfristig auch erreichbar.

Eine Voraussetzung aber wäre, daß sich alle Beteiligten darüber klarwerden, daß sie Sicherheit nicht im Alleingang gegen die andere Seite erreichen und bewahren können. *Durch gravierende, einseitige Maßnahmen kann Sicherheit nicht gewonnen werden.* Auch sollte man sich in dieser Hinsicht nicht zu schnell auf den Ökumenischen Rat der Kirchen berufen. So erklärte im September dieses Jahres Ninan Koshy, der Direktor der Kommission der Kirchen für Internationale Angelegenheiten (KKIA) des ÖRK in Genf, auf eine diesbezügliche Frage, daß er einseitige Abrüstungsmaßnahmen für wenig hilfreich zur Sicherung des Friedens halte.

Sicherheit ist heute und in Zukunft eine gemeinsame Sache der Konfliktpartner. *Es gibt nur eine gemeinsame Sicherheit, oder es gibt keine.*

4. Strategische Stabilität – Voraussetzung der Friedenspolitik

von Professor Wolf Graf v. Baudissin, Hamburg

Gefährdung durch technischen »Fortschritt«

Das strategische Kräfteverhältnis wird durch die technischen Modernisierungsverfahren ständig gefährdet. In den Streitkräften der Industriestaaten lassen sich diese Prozesse kaum vermeiden. Sie verunsichern um so mehr, als sie mit zeitlichen Verschiebungen und unterschiedlichen Schwerpunkten verlaufen und so auf bestimmten Rüstungsgebieten zeitweise Über- wie Unterlegenheiten schaffen. Ein naheliegendes Beispiel ist die Modernisierung der eurostrategischen Systeme beider Seiten wie die »SS 20« und die »BACKFIRE« sowie die »PERSHING II« und die Marschflugkörper.

Die beschleunigte Einführung der 2. Generation sowjetischer Mittelstrecken-Systeme erregt im Westen aus einer Reihe von Gründen Argwohn. Die 1. Generation – SS 4 und SS 5 – war dafür gedacht gewesen, Westeuropa als »Geisel« zu bedrohen anstelle des damals von sowjetischem Territorium aus unerreichbaren amerikanischen Kontinents. Inzwischen hat aber die Sowjetunion technisch mit land- und seegestützten Raketen wie Flugzeugen seit längerem gleichgezogen; die ursprüngliche Funktion der eurostrategischen Systeme verlor ihren Sinn. So stellen die neuen Systeme – insbesondere die SS 20 – in mehrfacher Hinsicht eine neue Bedrohung dar:

- durch erheblich erhöhte Treffgenauigkeit;
- durch Mobilität und damit verbundene Unverwundbarkeit;
- durch Mehrfachausstattung mit höchstwahrscheinlich drei Sprengköpfen, die unterschiedliche Ziele bedrohen;
- durch Nachlademöglichkeiten.

Im Rahmen einer Kriegführungskonzeption wären sie das geeignete Mittel, den Durchbruch an den Atlantik zu unterstützen.

Der Gesamtumfang des Programms wie qualitative Einzelheiten dieser neuen Systeme blieben undurchsichtig. Auch mehrere Erklärungen Breschnews boten nur bedingte Einsicht. *Dies läßt manchen befürchten, daß der Kreml zur vorhandenen und nunmehr auch qualitativ abge-*

rundeten Überlegenheit auf konventionellem Gebiet (z.B. Panzer, Geschütze und Flugzeuge) nun auch atomare Überlegenheit auf dem eurostrategischen Sektor anstrebe. Als besonders bedrohlich wird dabei empfunden, daß mit wachsender östlicher Überlegenheit eine zunahmende Verwundbarkeit weitreichender nuklearer Einsatzmittel der NATO einhergeht. Konkret ausgedrückt: Einerseits werden westliche Flugplätze und Flugzeugträger zunehmend verwundbar, andererseits büßen die in Westeuropa und auf dem Mittelmeer für Vergeltungsschläge stationierten NATO-Flugzeuge an Fähigkeit zur Erfüllung ihrer Aufgabe ein, weil gleichzeitig die östliche Luftverteidigung erheblich verbessert wurde.

Das Vorgehen der Sowjetunion widerspricht also in mancher Hinsicht den Forderungen einer rationalen, den Frieden sichernden Rüstungssteuerung.

Doch auch der westliche Modernisierungsplan ist – zumindest in gewissen Einzelheiten – nicht dazu angetan, Bedrohtheitsgefühle auf sowjetischer Seite zu beschwichtigen. Bedenklich erscheint vor allem die Bereitschaft, mit den Marschflugkörpern eine neue waffentechnologische Schwelle zu überschreiten. Derartige Innovationen eröffnen nicht nur eine weitere qualitative Rüstungsspirale; sie treffen auch das Selbstverständis des Kreml als Führer einer Weltmacht, die wenigstens auf militärischem Gebiet mithalten möchte. Doch stehen diese Systeme zur Verhandlung; das Programm kann und soll bei entsprechendem Entgegenkommen der Sowjetunion korrigiert werden.

Kooperative Rüstungssteuerung mit gegenseitiger Durchschaubarkeit

Mit dem vieldiskutierten »Doppelbeschluß« hat die NATO ein klar definiertes, begrenztes Modernisierungsprogramm vor Produktionsbeginn zur Verhandlung gestellt. Das Brüsseler Angebot ist auf jeden Fall ein vielversprechendes Modell zukünftiger Rüstungssteuerung. Hier wird der Gegenseite zum ersten Mal in der Geschichte die Möglichkeit eröffnet, die geplante Modernisierung vor ihrer Verwirklichung zu beeinflussen, die Rüstungsprogramme beider Seiten also im Sinne strategischer Stabilität aufeinander abzustimmen, und zwar rechtzeitig, ehe schwer korrigierbare Fakten geschaffen sind.

Dafür bedarf es allerdings einiger Voraussetzungen, die aus dem Rahmen herkömmlicher Denkschemata fallen. Vor allem gehört dazu:

- ein hohes Maß an Vertrauen in die Rationalität und Konfliktfähigkeit des Gegenübers;
- die Durchschaubarkeit der politischen Konzepte, Strategien, Potentiale und Rüstungsvorhaben – d.h. die Bereitschaft zu weitreichender Kooperation auf dem Gebiete gemeinsamer Rüstungssteuerung.

Beide Seiten sollten im Bewußtsein ihrer gemeinsamen Verantwortung und ihres vitalen Interesses an strategischer Stabilität umgehend über Moratorien verhandeln. Nur so läßt sich das Höherschrauben des Ausgangsniveaus späterer Verhandlungen verhindern. Dazu sind allerdings erforderlich:

- die eindeutige Definition der betroffenen Systeme und ihrer Qualitäten nach dem Ist-Stand;
- die Festlegung von Produktions- oder Stationierungsverboten sowie der Dauer solcher Verpflichtungen.

Das wird um so wichtiger, als bereits die Vorverhandlungen über die zur Diskussion stehenden Systeme schwierig und langwierig sein werden.

Der Appell richtet sich insbesondere an Moskau, das diese Rüstungsrunde eröffnete und damit einen klaren Vorsprung errang. Die Sowjetunion schafft zudem Woche für Woche neue Fakten; jede SS 20-Rakete mit ihren drei Gefechtsköpfen erhöht den Plafond künftiger Verhandlungen. *Ein einseitiger westlicher Verzicht auf die Modernisierung ohne eine vertraglich abgesicherte und überprüfbare Gegenleistung wird die Rüstungsdynamik weder auf dieser, noch auf anderen Ebenen einfangen.* Einseitige Rüstungsverzichte wie z.B. auf den Bau des »B 1-Bombers« oder die Produktion der Neutronenwaffen sind bisher von östlicher Seite nicht honoriert worden. Auch zeigte Moskau erst konkrete Verhandlungsbereitschaft, als die NATO sich nicht einschüchtern ließ, sondern trotz kompakter Drohungen den Brüsseler Beschluß faßte und an ihm festhielt.

Alle Regierungen müssen ernsthaft prüfen, was sie zu einer Regelung beitragen können, die das Gesicht aller Beteiligten wahren und die Rüstungsdynamik wirksam einfangen hilft.

In seinen komplementären, d.h. einander ergänzenden Teilen stellt der Doppelbeschluß der NATO einen lang ausgehandelten Kompromiß der 15 verbündeten Regierungen dar. Die NATO ist ein Bündnis souveräner Staaten verschiedenster Interessen. Gemeinsame Beschlüsse und Verhandlungsangebote kommen hier sehr viel schwerer zustande als in der WTO. Es wäre äußerst bedenklich, die sich anbahnenden Verhandlungen zwischen Washington und Moskau durch eine Verunsicherung der westlichen Seite zu gefährden. Intern würde der Reißverschluß zu neuen und unabsehbaren Konsultationen geöffnet; nach außen verhandelte die USA entweder gar nicht oder ohne Mandat.
Demgegenüber bietet die in der NATO entwickelte Kompromißformel brauchbare Ansätze, gemeinsam mit Moskau auf dem Verhandlungsweg allseitig akzeptable Regelungen zu finden – vorausgesetzt, daß sich auch der Kreml an stabilitätsfördernden Schritten interessiert zeigt.
Nur Loyalität gegenüber dem ordnungsgemäß zustande gekommenen und wiederholt bestätigten »Doppelbeschluß« wird die Möglichkeit eröffnen, auf Zielsetzung, Zeitpunkt und Verlauf der Rüstungssteuerung sowie auf eine eventuelle interne Veränderung der Modernisierungsplanung und auf den Entwurf der Ersatzrichtlinien einzuwirken. Nur Solidarität auch in dieser Frage wird die Sowjetunion davon abhalten, ernsthaft zu glauben, sie könne die Handlungsfähigkeit des Bündnisses über die westeuropäische Öffentlichkeit beeinträchtigen und ihre eigenen – in vielen Punkten in unserer Sicht übertriebenen – Sicherheitsbedürfnisse einseitig und maximal befriedigen.
Wer die einseitige Aufkündigung des Doppelbeschlusses durch die Bundesregierung empfiehlt, setzt zumindest die Glaubwürdigkeit der Bundesrepublik als Bundesgenosse, unter Umständen sogar die Mitgliedschaft, wenn nicht das Bündnis überhaupt aufs Spiel.

Der »NATO-Doppelbeschluß« sieht vor:

1. *Modernisierungsplan*
   Ersatz von 109 »PERSHING I-Raketen« der US-Army in der Bundesrepublik durch PERSHING II;
   Errichtung von 116 Startrampen der US-Airforce mit je 4 Marschflugkörpern (davon 24 in der Bundesrepublik):
   - Ausstattung aller Systeme mit nur *einem* Gefechtskopf. Flugkörper zum Nachladen sind nicht vorgesehen.
   - Beginn der Stationierung frühestens Ende 1983.
   - Einseitiger Abzug von 1000 nuklearen Sprengköpfen aus US-Beständen in Mitteleuropa.
2. *Rüstungskontrollangebot*
   - *Verhandlungsrahmen:*
     schrittweise bilaterale Verhandlungen sobald wie möglich zwischen der USA und der UdSSR im Rahmen von SALT III;
   - *Verhandlungsziel:*
     zunächst eine Vereinbarung über eine Begrenzung sowohl von sowjetischen als auch amerikanischen landgestützten weitreichenden Waffensystemen (LRTNF);
   - *Verhandlungsgrundlage:*
     Prinzip der Gleichheit für beide Seiten bei Begrenzungen, sowohl die Obergrenzen als auch die daraus resultierenden Rechte betreffend;
   - angemessene *Überprüfbarkeit* jeder vereinbarten Begrenzung.

V. Vom Völkerrecht zum Völkerfrieden

1. »Schwerter zu Pflugscharen«

von Professor Dr. Wolfhart Pannenberg, München

Das aus dem Propheten Jesaja entnommene Motto »Schwerter zu Pflugscharen« ist in unseren Tagen zum Symbol der kirchlichen Friedensbewegung in der DDR geworden, Symbol einer Friedensbewegung, die dort unterdrückt wird, weil sie die Forderung nach Abrüstung nicht nur nach außen richtet, sondern auch an das eigene Staatensystem. Es ist in diesem Teil unseres Landes leicht, mit der Forderung nach Abrüstung auch im Osten zu sympathisieren. Doch würde man sich auf die christliche Friedensbewegung in der DDR und auf ihr biblisches Motto zu Unrecht berufen, wenn man ihr nur in der mutigen Forderung nach Abrüstung auch auf der östlichen Seite Beifall spenden, entsprechende Forderungen nach Abrüstung in unserem eigenen, westlichen Bündnissystem aber zurückweisen wollte.

Keine unmittelbar politische Forderung des Propheten

Nun hat das bei den Propheten Jesaja (1,4) und Micha (4,3) begegnende Wort von der Umrüstung der Schweter zu Pflugscharen allerdings nicht unmittelbar den Charakter einer politischen Forderung. Es ist Bestandteil einer eschatologischen Vision von einer künftigen Heilszeit, die im Gegensatz zur auch damals kriegsbedrohten Gegenwart keinen Krieg und keine Rüstung mehr kennen wird. Es ist ein Gegenbild zur der durch Krieg und Kriegsrüstung gekennzeichneten geschichtlichen Gegenwart.
Die Propheten Jesaja und Micha rufen nicht dazu auf, bestehender Kriegsdrohung gegenüber untätig zu bleiben oder einseitig abzurüsten, sondern sie sprechen von einer Zeit, in der es keine kriegerische Bedrohung eines Volkes durch ein anderes mehr geben wird: »Kein Volk wird wider das andere das

Schwert erheben, und sie werden den Krieg nicht mehr lernen« (Jesaja 2,4). *Die Rüstung wird fortfallen, wenn sie nicht mehr nötig ist, weil es keine Kriegsdrohung mehr geben wird.* An dieser Stelle wird der qualitative Gegensatz jener künftigen Heilszeit zur faktischen geschichtlichen Situation deutlich, die damals wie heute durch die gegenseitige Bedrohung der Menschen und Völker im Zeichen widerstreitender Machtansprüche und Herrschaftssysteme gekennzeichnet war.

Bei der bloßen Feststellung des Gegensatzes der künftigen Heilszeit, die Krieg und Kriegsdrohung nicht mehr kennen wird, zu den Lebensbedingungen der geschichtlichen Gegenwart läßt es die Prophetie Israels nun aber nicht bewenden. Die Pointe der prophetischen Vision ist damit noch gar nicht im Blick. Diese Pointe besteht in der Antwort auf die Frage, wodurch ein solcher Zustand des Friedens, der keine Kriegsfurcht mehr aufkommen läßt, ermöglicht wird. Die Antwort auf diese Frage steht im Mittelpunkt des Textes, in dem das Wort von den Schwertern, die zu Pflugscharen werden sollen, fällt. Es handelt sich dabei um eine prophetische Vision von einer Wallfahrt der Völker zum Zion, wo der Gott Israels wohnt: Von ihm werden die Menschen aller Nationen Belehrung suchen über das Recht. So schaut es der Prophet. Und *das Recht, das auf die Autorität des Gottes Israels begründet ist, wird jenen Friedenszustand ermöglichen, der alle Kriegsdrohung beseitigt und Rüstung überflüssig werden läßt.*

Die Propheten sind sich also sehr wohl dessen bewußt gewesen, daß der Friede nicht schon dadurch gewonnen wird, daß man auf Rüstung verzichtet. Vielmehr kommt es auf die Schaffung der Bedingungen dafür an, daß Krieg und Rüstung überflüssig werden. Diese Bedingungen aber sind zusammengefaßt im Begriff des Rechtszustandes: Wo Recht und Gerechtigkeit in den Beziehungen zwischen Menschen und Völkern verwirklicht sind, da kommt es zur Befriedigung in den menschlichen Verhältnissen. Nun pflegt freilich gerade auch der Inhalt des Rechtes strittig zu sein zwischen den Rechtsansprüchen, die die Menschen und Völker gegeneinander erheben. Der Inhalt wahrhaft gerechten Rechtes versteht sich ebensowenig von selbst wie seine Verwirklichung.

Auch das war den Propheten bewußt in ihrer Vision von der Wallfahrt der Völker zum Zion. Das Bild dieser Wallfahrt beinhaltet doch, daß die Völker ihre eigenen, einander entgegengesetzten Rechtsvorstellungen und Rechtsansprüche dem Urteil des Gottes Israels unterwerfen, weil dieser Gott vor anderen ein Gott des Rechtes ist. Von ihm suchen sie Belehrung über den Inhalt wahrhaften Rechtes, und dadurch wird Frieden zwischen ihnen hergestellt, ein Friede von solcher Haltbarkeit, daß die Menschen es sich leisten können, das Kriegführen zu verlernen.

Friede, Recht und Religion gehören also untrennbar zusammen: Gesicherter Friede besteht dort, wo das Recht geachtet ist. *Achtung des Rechtes aber setzt Übereinstimmung über seinen Inhalt als Ausdruck wahrer Gerechtigkeit voraus,* und solche Übereinstimmung bedarf letztlich eines religiösen Fundaments in einem gemeinsamen Glauben.

Mit alledem wird die Diskussion über die aktuellen Probleme von Frieden und Abrüstung auf den ersten Blick nicht erleichtert, sondern eher erschwert. Je klarer man die in der prophetischen Vision eines künftigen Friedensreiches enthaltenen Bedingungen eines solchen Friedenszustandes versteht, in welchem die Menschen das Kriegführen verlernen können, desto deutlicher wird der Abstand von den Zuständen und Bedingungen unserer eigenen geschichtlichen Situation: Es gibt in der gegenwärtigen Weltsituation wenig Anzeichen dafür, daß die Völker vom Gott Israels, der auch der Vater Jesu Christi ist, Belehrung suchen über den Inhalt des Rechts. Nicht einmal in unserer eigenen Gesellschaft besteht Einverständnis über die religiösen Grundlagen und Maßstäbe unserer Rechtsauffassung.

Angesichts der mangelnden Einheit des Rechtsbewußtseins muß es im Lichte der prophetischen Vision von den Bedingungen des Friedensreiches einer künftigen Heilszeit geradezu als erstaunlich gelten, daß der Friedenszustand zwischen den Menschen und Völkern überhaupt noch einigermaßen erhalten werden kann, wenn auch mehr oder weniger äußerlich und mit immer wieder auftretenden regionalen Zusammenbrüchen auch dieses äußerlichen Friedenszustandes.

Damit ist aber schon ein Anhaltspunkt gewonnen dafür, wie trotz des Abstandes der weltpolitischen Gegebenheiten der Gegenwart von den Bedingungen der prophetischen Vision eines künftigen Friedensreiches *diese Vision dennoch zur Wegweisung werden kann für das Verhalten in unserer geschichtlichen Gegenwart.* Auch der Prophet Jesaja beläßt es ja nicht bei der Gegenüberstellung jenes künftigen Friedensreiches zu der durch Krieg und Rüstung gekennzeichneten Politik seines Zeitalters. Er schließt vielmehr in der uns überlieferten Gestalt seiner Vision des künftigen Friedensreiches mit dem Aufruf an das »Haus Jakobs«: »Auf, lasset uns wandeln im Licht des Herrn« (Jesaja 2,5; vgl. Micha 4,5).

Verträge – Grundlage des Friedens

Was aber heißt das, im Lichte des Herrn zu wandeln, in diesem Zusammenhang? Es kann nur heißen, das Recht zu suchen so, wie es dem Rechtswillen Gottes entspricht. Denn das ist die Grundlage des Friedens. Darum *kann der Friede nur insoweit bewahrt werden, wie es gelingt, das bestehende Minimum an Übereinstimmung im Rechtsbewußtsein zu erhalten und, soweit möglich, zu erweitern.* Das geschieht im Innern eines Staates durch Reform der Gesetzgebung oder auch der Verfassung, im Verhältnis zwischen den Staaten aber in der Form des Vertrages. Das Aushandeln und die Einhaltung von Verträgen schafft und bewahrt die Grundlage des Friedens im Verhältnis der Völker.
Die Fragen der Rüstung sind im Vergleich dazu von untergeordneter Bedeutung. Weder Aufrüstung noch Abrüstung sind für sich allein genommen verläßliche Wege zur Bewahrung dauernden Friedens. Einseitige Abrüstung und einseitiger Rüstungsverzicht mögen als Ausdruck friedfertiger Absichten gemeint sein; aber sie können gegnerische Staaten zum Mißbrauch der dadurch entstehenden militärischen Überlegenheit verführen, wie das unter anderem die Vorgeschichte des Zweiten Weltkriegs lehrt. Einseitige Aufrüstung dagegen kann die andere Seite zwar zur Vorsicht veranlassen und von militärischen Abenteuern abhalten, schafft aber auch Ängste, die zum Präventivkrieg führen können, gewöhnlich aber in einen Prozeß des Wettrüstens münden. Rüstung mag dazu dienen, das Risiko für den zu erhöhen, der einen bestehenden Friedenszustand bricht, aber sie schafft auch neue Gefahren und kann nie für sich allein den Frieden dauerhaft sichern.
Das kann nur durch Verständigung über einen gegenseitig annehmbaren und einzuhaltenden Rechtszustand im Zusammenleben der Völker geschehen. Darum war es wohl realistisch, daß die Prophetie des alten Israel immer wieder gewarnt hat vor einem unangemessenen Vertrauen auf Rüstungen und auf militärische Bündnisse. *Das übermäßige Vertrauen auf Rüstung und militärische Stärke kann geradezu ins*

Verderben führen, weil es ablenkt von der Frage nach dem Recht und von der Dringlichkeit einer rechtzeitigen Verständigung auf einen für alle Beteiligten erträglichen Rechtszustand.
So hat der Prophet Joel den Ruf, die Pflugscharen zu Schwertern und die Rebmesser zu Spießen zu schmieden, als Ausdruck der Verblendung dargestellt, die die Völker in ihr wechselseitiges Verderben treibt (Joel 4,10). Damit hat Joel in bewußt ironischer Anspielung die Friedensvision Jesajas und Michas umgekehrt: War dort die Umrüstung der Kriegswaffen zum Gerät friedlicher Kultivierung des Bodens Ausdruck des Friedenszustandes, der durch das Recht ermöglicht wird, so beschwört in der Prophetie Joels die Verwandlung der Werkzeuge friedlichen Lebens in Kriegsrüstung den eigenen Untergang herauf.
Solche prophetische Kritik am Vertrauen auf Rüstung und militärische Stärke darf jedoch nicht als Aufruf zu einseitiger Abrüstung mißverstanden werden. Die Kritik zielt vielmehr auf Hochmut und Verblendung der Mächtigen. Das Recht auf kollektive Selbstverteidigung wird dadurch nicht in Frage gestellt, sondern ist eher als selbstverständlich vorausgesetzt.
Derselbe Jesaja, der sich mit beißender Schärfe gegen das Vertrauen auf Rüstung und militärische Bündnisse wenden konnte, hat im Jahre 701 v. Chr. den König Hiskia in dem von den Assyrern belagerten Jerusalem zum Ausharren ermuntert in scheinbar aussichtsloser Lage gegen die erdrückende militärische Überlegenheit der assyrischen Weltmacht, und er hat den König zur Zurückweisung des Kapitulationsangebots der Belagerer bewogen. Auch dabei scheint wieder der Gesichtspunkt des Rechts Gottes ausschlaggebend gewesen zu sein, die Überzeugung von der Unantastbarkeit des Zion, die über Jesaja in der göttlichen Erwählung Jerusalems und seiner Königsdynastie begründet war.

Was legitimiert eine »Friedensbewegung«?

Eine Friedensbewegung, die sich auf die prophetische Vision eines künftigen Friedensreiches berufen will, das alle Rüstung überflüssig macht, *wird auf politische Vereinbarungen drängen müssen, die Abrüstung ermöglichen.* Sie wird sich gegen die Ersetzung des Bemühens um politische Verständigung durch Rüstungsmaßnahmen wenden. Aber sie hat keine Legitimation für die Forderung nach einseitiger Abrüstung gegenüber einem hochgerüsteten Gegner. Die Forderung nach einseitiger Abrüstung ist verständlich als Ausdruck der Angst vor den Risiken einer Konfrontation. Sie ist besonders verständlich im Zeitalter nuklearer Waffensysteme. Aber die Angst begründet noch keinen Rechtszustand, der wahren Frieden ermöglicht. *Angst unterscheidet nicht zwischen Recht und Unrecht. Sie macht geneigt zur Kapitulation vor jeder Übermacht, auch vor der Übermacht eines Gegners, der bereit ist, das Recht des Schwächeren mit Füßen zu treten.*

Darum ist die Angst ein schlechter Ratgeber, wenn es darum geht, den Frieden zu erlangen und zu bewahren, der auf das Recht gegründet ist. Wer sich aber von der Angst überwältigen läßt, der verleitet nicht nur den Übermut des Gegners, sich Rechte herauszunehmen, die ihm anscheinend nicht verwehrt werden. Der von der Angst Hypnotisierte darf sich nicht einmal beklagen über den Machtmißbrauch des Gegners, denn ihm geschieht durch Unterwerfung nur, was ihm zukommt. *Wer aber den Frieden erstrebt, der auf Recht gründet, der wird am Prinzip der Gegenseitigkeit festhalten müssen, am Gedanken gegenseitiger Verpflichtung auch da, wo es um Fragen der Abrüstung geht.*

Dieser fundamentale Sachverhalt bleibt auch im Zeitalter nuklearer Rüstung unverändert gültig. Die erschreckende Zerstörungskrat nuklearer Waffen hat dazu veranlaßt, frühere Auffassung über Rüstung und Krieg in vielen Punkten zu revidieren. Überlieferte Vorstellungen des gerechten Krieges erscheinen heute als leichtfertig, und zwar nicht erst in Anwendung auf die heutige, durch die nukleare Rüstung geschaffene Situation. Das Leiden und Sterben der Individuen im Kriege war in früheren Jahrhunderten nicht weniger schrecklich als es in einem heutigen nuklearen Kriege sein würde. Aber das Mißverständnis zwischen den Mitteln des Krieges und den durch ihren Gebrauch allenfalls erreichbaren Erfolgen ist durch die Zerstörungsgewalt nuklearer Waffen ins Groteske gesteigert worden. Dieses Mißverhältnis bestand auch früher schon. Aber im Zeitalter der Atomwaffen ist es unübersehbar geworden und unerträglich für das Gewissen der Menschheit.

Darum sind Entscheidungen über Rüstung und Strategie heute mit einer unvergleichlich größeren Verantwortung verbunden, als sie bei entsprechenden Vorkehrungen in früheren Zeitaltern empfunden wurde. Darum ist auch die Dringlichkeit einer Begrenzung und, soweit möglich, Verminderung der nuklearen Rüstung auf allen Seiten ungleich größer. Sie erhebt sich als gebieterische Forderung, weil es dabei auf die Dauer um das Überleben zwar nicht der menschlichen Gattung, aber sicherlich der Zentren der Zivilisation auf dieser Erde geht. Das alles ändert nichts daran, daß die Lösung auch dieses schweren Problems *nur auf dem Boden der Gegenseitigkeit des Gebens und Nehmens gesucht werden kann, also auf dem Boden politischer Vereinbarungen und der Verbindlichkeiten zwischenstaatlichen Rechtes,* wenn der Friede gewonnen und gesichert werden soll, der aus dem Recht kommt und sein Leben in der Freiheit ermöglicht, die das Recht gewährt.

Dabei sollten Christen wissen, daß es auf diesem Felde keine absoluten Lösungen und keine endgültige, jedes Risiko ausschließende Sicherheit geben kann. Der endgültige Friede, den die Friedensvision der Propheten vor Augen sah, ist der Friede des Gottesreiches, der darauf gründet, daß die Völker sich von Gott selbst über das Recht belehren lassen. Von solchem Frieden ist die gegenwärtige Welt weit entfernt. Er könnte nur eintreten, wenn die Völker im Glauben an Gott und sein Recht die Übereinkunft finden würden, die ihre Gegensätze überwindet.

Dem steht entgegen die Macht der Sünde, bei jedem einzelnen wie bei den Machthabern der Völker: das hochmütige Beharren auf dem vermeintlich vorrangigen Recht der jeweils eigenen Interessen, der Stolz auf die eigene Macht und die Begierde nach Erweiterung der Herrschaft auf Kosten anderer. Der endgültige Friede unter den Menschen, der keiner Rüstung mehr bedarf, müßte beginnen beim Frieden mit Gott, der die Sünde überwindet, durch die jeder einzelne Mensch sich selber an Gottes Stelle setzt.

Zum Frieden auf dem Boden schmaler Kompromisse

Diesen Frieden kann der einzelne gewinnen im Glauben an Jesus Christus als den Versöhner der Welt, aber es bestimmt nicht die wechselseitigen Verhältnisse der politischen Mächte dieser Welt. Hier kann Frieden immer nur ein der fortdauernden gegenseitigen Bedrohung abgerungener, partieller und erneuerungsbedürftiger Friede sein auf dem Boden beschränkter Kompromisse zwischen widerstreitenden Rechtsauffassungen. Aus der Perspektive der Unbedingtheit moralischen Engagements mag die Gebrechlichkeit, die ständige Gefährdung und Erneuerungsbedürftigkeit solchen Friedens als zu gering erscheinen. Zudem sind wir in einer Welt technischer Zivilisation an die Vorstellung gewöhnt, daß alles machbar sein müsse, wenn man nur will. *Aber in Sachen des Friedens steht es so, daß solcher gebrechliche und gefährdete Friede auf der Basis immer wieder neu auszuhandelnder Kompromisse der einzige Friede ist, der in dieser Welt erreichbar ist, so wie diese Welt nun einmal ist.*

Auch der Christ, der im Glauben an Christus Frieden mit Gott hat, ist dazu aufgerufen, an jenem andern, vorläufigen Frieden der schrittweisen Kompromisse mitzuwirken. »Verständige dich rasch mit deinem Prozeßgegner, solange du noch mit ihm unterwegs bist«, sagt Jesus in der Bergpredigt (Matthäus 5,25). Wieviel Erfolg solches Bemühen hat, das hängt immer auch von der anderen Seite ab. *Dazu ist Geduld nötig und die Bereitschaft, kleine Fortschritte nicht zu verschmähen.* Nur so werden weitere Schritte möglich. Das Bewußtsein des Friedens mit Gott und das Wissen um die Macht der Sünde in der Welt sollten den Christen davon entlasten, Illusionen nachzujagen, als ob man den endgültigen Frieden und die endgültige Sicherheit erreichen könnte, während darüber vielleicht der mögliche Friede des Kompromisses versäumt wird. *Es ist gerade dieser unscheinbare Friede des Kompromisses, durch den der endzeitliche Gottesfriede in diese Welt der Sünde und des Todes hineinwirkt und um den sich illusionslos jene wahren Friedenstifter bemühen, die Jesus seligpreist.*

2. Der Einfluß der Öffentlichkeit auf die Verhandlungen über Abrüstung und Rüstungskontrolle

von Dr. Klaus-J. Citron, Vortragender Legationsrat 1. Kl.

Gleichzeitig viele Verhandlungen zwischen Ost und West

Selten hat es nach 1945 einen derart dichten Verhandlungsdialog zwischen Ost und West sowie im Rahmen der Vereinten Nationen über Abrüstungsfragen gegeben wie heute:

- In Wien wird im Rahmen der MBFR-Verhandlungen über Reduzierungen der konventionellen Streitkräfte in Mitteleuropa gesprochen.
- In Madrid sucht das KSZE-Folgetreffen militärisch relevante vertrauensbildende Maßnahmen für ganz Europa zu vereinbaren.
- In Genf verhandeln die USA mit der Sowjetunion über interkontinentalstrategische Systeme (START) sowie – getrennt davon – über nukleare Mittelstreckensysteme (INF).

In all diesen Verhandlungen geht es dem Westen um:

- die Herstellung eines stabilen Gleichgewichts auf möglichst niedrigem Niveau;
- die Fortführung eines rationalen sicherheitspolitischen Dialogs;
- die Aufrechterhaltung von Kommunikationskanälen zur Krisenbeherrschung;
- den Austausch von Daten, um durch Transparenz und Offenheit Mißtrauen abzubauen;
- die Vereinbarung von Maßnahmen, die geeignet sind, durch Zurückhaltung und Mäßigung im Gebrauch militärischer Macht Vertrauen und Berechenbarkeit zu schaffen.

Die Fülle dieser Aufgaben zeigt, daß sie nicht von einzelnen Staaten gelöst werden können. Das nordatlantische Verteidigungsbündnis sorgt daher seit Jahren dafür, daß die Bündnispartner auf der Grundlage vereinbarter Positionen verhandeln.

Einseitige Beeinflussung der öffentlichen Meinung

Sicherheitspolitische Entscheidungen werden in den Ländern des Nordatlantischen Bündnisses – anders als beim Warschauer Pakt – nicht hinter verschlossenen Türen, sondern in aller Öffentlichkeit begründet und diskutiert.

Dabei läßt sich feststellen, daß die Sowjetunion und ihre Verbündeten die Offenheit unserer Gesellschaft nützen und alles versuchen, um durch ihre Propaganda die sicherheitspolitische Diskussion in ihrem Sinne zu beeinflussen. Dabei schreckt Moskau auch vor Drohungen und Falschinformationen nicht zurück.

Es bleibt Aufgabe der westlichen Regierungen, durch eine nüchterne Informationsarbeit die Positionen des Bündnisses in der eigenen Öffentlichkeit zu erklären und östliche Argumente zu widerlegen. Dagegen gibt es für den Westen keine Möglichkeit, in vergleichbarer Weise in den Staaten des Warschauer Pakts auf die öffentliche Meinung einzuwirken.

Es gehört zu den Privilegien einer freien Gesellschaft, daß Regierungsentscheidungen freimütig diskutiert und kritisiert werden, ja, daß zuweilen auch für und gegen bestimmte Auffassungen öffentlich demonstriert wird.

Wir alle, die wir diese Freiheitsrechte in Anspruch nehmen, sollten nicht vergessen, daß unsere westlichen Bündnispartner, vor allem die USA, mit ihrer Präsenz in Europa dafür einstehen, daß wir die Freiheit zu Kritik und Demonstration behalten, während sowjetische Truppen in Osteuropa stationiert sind, damit es dort *keinen* Protest und *keine* unabhängigen Friedensdemonstrationen gibt.

Der Westen will verhandeln statt aufrüsten

Die intensive öffentliche Debatte des Jahres 1979 vor der Beschlußfassung über den NATO-Doppelbeschluß ist ein eindrucksvolles Beispiel für die Beteiligung der Öffentlichkeit an sicherheitspolitischen Fragen. Es erscheint mir notwendig, an die Vorgeschichte des Doppelbeschlusses zu erinnern, um die Bedeutung dieses neuartigen Ansatzes zu verdeutlichen.

Jahrelang hatten westliche Politiker, vor allem der frühere Bundeskanzler Helmut Schmidt, die Sowjets gedrängt, ihre Aufrüstung mit modernen Mittelstreckenraketen einzustellen und lieber darüber zu verhandeln. Erst als all diese Warnungen nichts nützten, entschloß sich die westliche Allianz zu einem neuen Versuch: Sie bot der Sowjetunion sofortige Verhandlungen an, machte aber zugleich deutlich, daß die NATO *vier Jahre später* eigene Mittelstreckenraketen aufstellen würde, falls es Ende 1983 nicht zu einem Abrüstungsergebnis kommen würde, das diese Stationierung überflüssig machte.

Auch manche Kritiker der westlichen Verteidigungspolitik aus Kreisen der Friedensforschung haben zugegeben, daß das Konzept des Doppelbeschlusses einen neuen Ansatz für die Eindämmung der Rüstungsdynamik darstellt.

Nachdem deutlich geworden war, daß Moskau nur dadurch zu Abrüstungsvereinbarungen zu bringen war, daß der Westen eine eigene Nachrüstung in Aussicht stellte, kam es darauf an, beide Elemente dieses parallelen Vorgehens glaubwürdig zu vertreten.

Angesichts der sowjetischen Weigerung, die westliche Besorgnis über die sowjetische Rüstung anzuerkennen und in Genf Verhandlungsvorschläge vorzulegen, die die europäischen Sicherheitsinteressen berücksichtigen, muß der Westen auch weiterhin deutlich machen, daß er im Fall fehlender sowjetischer Konzessionsbereitschaft auch am Modernisierungselement des Doppelbeschlusses festhalten wird.

»Friedensfreunde« gefährden die Abrüstung

Wer dagegen jetzt der Sowjetunion signalisiert, daß es in Westeuropa nicht zu einer Aufstellung amerikanischer Mittelstreckenwaffen kommen wird, zerstört jede Chance für ein vernünftiges Verhandlungsergebnis, da er Moskau jeden Anreiz nimmt, am Verhandlungstisch substantielle Konzessionen zu machen. Alle diejenigen, die heute kategorisch eine Aufstellung westlicher Mittelstreckenraketen in Europa ablehnen, erschweren – häufig ohne sich dessen bewußt zu sein – den Erfolg der Genfer Abrüstungsgespräche.

Die Aussichten auf künftige Abrüstungsergebnisse sind nicht ungünstig, vor allem dann, wenn die Menschen, die sich für den Frieden engagieren, in den Kirchen, Gewerkschaften und Parteien klar

zum Ausdruck bringen, daß sie für die Abrüstung in West *und* Ost sind und daß sie die Bemühungen ihrer Regierungen würdigen, durch vereinbarte Ergebnisse mehr Stabilität zu erreichen.
Wer den Einfluß der Öffentlichkeit auf die östliche Verhandlungsbereitschaft bewerten will, sollte einmal die sowjetischen Medien beobachten, um festzustellen, wie genau man in Moskau all die Stimmen verfolgt, die im Westen den Doppelbeschluß kritisieren. Dabei wird deutlich, daß man im Kreml weiterhin die Hoffnung hegt, am Verhandlungstisch kaum Opfer bringen zu müssen, da die westliche Friedensbewegung ohnehin eine Stationierung westlicher Gegenwaffen verhindern werde.
Für viele Idealisten der Friedensbewegung, die durch ihr Engagement einen Durchbruch bei der Abrüstung herbeiführen wollen, dürfte es enttäuschend sein, wenn sie eines Tages feststellen, daß ihr Kampf gegen die westliche Sicherheitspolitik gerade das Gegenteil dessen bewirkt, was sie sich wünschen. Anstatt den Frieden für West *und* Ost sicherer zu machen, tragen sie zu einer Stärkung der Kräfte im Warschauer Pakt bei. Diese hoffen, daß die westliche Gesellschaft wegen innerer Zwistigkeiten die Fähigkeit zur Verteidigung ihrer Freiheiten verliert und dann ein leichtes Opfer sowjetischer Machtpolitik wird. Alle diejenigen, die es heute im Westen ablehnen, die Verantwortung für die Aufrechterhaltung des militärischen Gleichgewichts mitzutragen, sollten daran erinnert werden, daß die Geschichte manche Beispiele für Kriegsgefahren bietet, die durch die Risikobereitschaft der einen und die fehlende Verteidigungsfähigkeit der anderen Seite ausgelöst wurden.

3. Beiträge des Völkerrechts zum Frieden – unter welchen Voraussetzungen werden sie wirksam?

von Professor Dr. Wilfried Fiedler, Direktor des Instituts für Internationales Recht an der Universität Kiel

Die Funktion des Völkerrechts im Prozeß der Friedenssicherung wird in der Öffentlichkeit entweder verkannt oder überhaupt vergessen. Dieser Befund ist um so erstaunlicher, als gerade das Völkerrecht in seiner sich über viele Jahrhunderte erstreckenden Entwicklung erheblich dazu beigetragen hat, den Frieden zu erhalten und zu stabilisieren. Die Gründe für diese Mißachtung liegen einmal darin, daß sich im Zeichen politischer Spannungen und intellektueller Auseinandersetzungen die Frage nach der Rechtsnorm, an der sich Völker wie Staaten zu orientieren haben, offenbar nur schwer stellt. Die Auseinandersetzung um den Frieden scheint in diesen Zusammenhängen in erster Linie ein Problem des faktisch Möglichen oder faktisch Vermeidbaren zu sein, nicht aber eine Frage der sachlichen und rechtlichen »Richtigkeit«. Es ist hier nicht darauf einzugehen, wieweit die technisch hochentwickelten Vernichtungsmöglichkeiten für ganze Teile der Menschheit oder für die Menschheit überhaupt dazu beigetragen haben, unter dem Gesichtspunkt der »Angst« nur noch das gerade noch möglich Erscheinende anzustreben.

Recht und Angst

Dieser Ausgangspunkt verkennt, das sei vorweg gesagt, nicht nur die Funktionen des Völkerrechts, sondern auch seine tatsächliche Einwirkung im tagtäglichen Leben der Staaten und der internationalen Organisationen. Freilich wäre es unter dem Vorzeichen der existenziellen Angst nur konsequent, nicht mehr nach Maßstäben und Orientierungspunkten zu fragen, sondern das nackte Leben zu retten. Unter dem Vorzeichen der Furcht existentieller Art verlieren Fragestellungen dieser Art scheinbar ihren Sinn.

In der Wirklichkeit der zwischenstaatlichen und zwischenmenschlichen Beziehungen zeigt sich die Funktion des Völkerrechts jedoch in oft unbemerkter Aktivität und Wirkweise. Es ist an der Zeit, sich zu überlegen, welchen Beitrag das Völkerrecht bisher zur Friedenserhaltung und Friedensschaffung geleistet hat und welche Möglichkeiten sich hieraus für die Erhaltung des Friedens oder für die Schaffung des Friedens in der Gegenwart ergeben.

Ist hinter der Frage nach Aufrüstung oder Abrüstung, nach Nachrüstung oder Überrüstung *überhaupt* eine rechtliche Dimension angesiedelt? Die Gegensätze zwischen den Großmächten scheinen so groß zu sein, daß eine gemeinsame Basis des Völkerrechts nur schwer zu erkennen ist. Wer etwa die Abrüstungsverhandlungen in Genf verfolgt, wird sich nicht immer bewußt werden, daß auch diese Verhandlungen im Rahmen eines rechtlichen Konsenses über Verfahren, Ablauf und Wirkweise einer möglichen Vereinbarung zustande kommen. Trotz aller Gegensätzlichkeit mußte ein gemeinsamer Fundus von Grundansichten aller am völkerrechtlichen Leben Beteiligten die Ausgangsbasis für die bisherige Kooperation der Staaten sein. Das Völkerrecht verbirgt sich als wirksame Dimension hinter den nach außen tretenden Fakten des Weltgeschehens.

Völkerrecht als gemeinsame Basis

Mit dem Hinweis auf die Gemeinsamkeiten und auf bestimmte Grundansichten ist bereits ein erster Ausgangspunkt für das Begreifen der Funktion des Völkerrechts getroffen. Denn das Völkerrecht geht von einer Gemeinschaft aller Staaten aus, die mit Rechten und Pflichten ausgestattet sind. Es verlangt aus dieser Perspektive die Beachtung bestimmer Grundregeln im zwischenstaatlichen Verkehr. Es mag schwierig sein, die Existenz eines rechtlichen Grundkonsens anzuerkennen, wenn täglich neue Verstöße nicht nur gegen das Gewalt- oder Friedensgebot, sondern auch gegen Grundelemente der Humanität festzustellen sind. Nach 1945 und trotz der Schrecken gerade des Zweiten Weltkrieges haben über 125 kriegerische Auseinandersetzungen stattgefunden, die Millionen von Menschen Leben und Gut kosteten, und viele werden als Flüchtlinge täglich obdachlos. Für Ungezählte sind die Menschenrechte nur ein ersehntes Ziel, aber gerade nicht Wirklichkeit. Dennoch wäre es voreilig, im Hinblick auf die Mißachtung bestimmter Grundregeln von einer Ineffizienz gerade des Völkerrechts zu sprechen. Denn auf der anderen Seite der Bilanz steht die Frage, was das Völkerrecht bisher an Schaden vermieden, was es erhalten und was es an menschenwürdiger Behandlung ermöglicht hat. Der Blick auf Fehlschläge der Vereinten Nationen verdunkelt zugleich die Sicht auf die Frage, welche Zustände auf der Welt herrschen könnten, wenn es eine Institution wie die Vereinten Nationen nicht gäbe.

Gewiß ist es schwierig, das Völkerrecht als einen geschlossenen Normenkomplex zu erkennen und zu akzeptieren. In Wirklichkeit handelt es sich nur in Randbereichen um ein in sich geschlossenes System. Es ist mit innerstaatlichem Recht kaum zu vergleichen, denn allein die Tatsache, daß heute über 160 Staaten der Welt im Rahmen eines rechtlichen Grundkonsens gehalten werden müssen, zeigt, daß eine homogene, in sich geschlossene Rechtspraxis von vornherein in der Funktion des Völkerrechts nicht angelegt sein kann. Das Völkerrecht ist sehr zur Verwunderung mancher Laien ein Recht der *Staaten* und zwischen den *Staaten,* nur in begrenztem Umfang auch ein Rechtssystem, das den einzelnen selbst unmittelbar schützen will oder zu schützen vermag. Gerade die Entwicklung nach 1945 hat gezeigt, daß die staatliche Souveränität trotz allen Mißbrauchs der wesentliche Faktor geblieben ist, an dem sich gerade die jungen Staaten der Dritten Welt orientieren. Unter Souveränität wird dabei die völkerrechtliche Unabhängigkeit und die volle Verfügungsmacht im Staate und über den Staat verstanden. Es ist möglicherweise eine besondere Tragik dieser Entwicklung, daß sich die Staaten der Dritten Welt in einem Grundgegensatz zu dem Anspruch auf staatliche Souveränität zu befinden scheint.

Das Völkerrecht der Gegenwart beruht gerade nicht auf der Existenz eines »Weltstaates«, einer staatlich durchorganisierten Weltgemeinschaft oder einem auf der Menschenwürde aufbauenden staatsähnlichen Gebäude. Die Kooperation zwischen einzelnen, immer noch im Rechtssinne souverän gedachten Staaten bildet das Zentrum des Völkerrechts. Die Gründe dafür liegen weniger im Unvermögen der Staaten oder auch ihrer maßgebenden Juristen als in der Unterschiedlichkeit der einzelnen Staaten und der sie bewohnenden Menschen selbst. Die Wurzeln für den Dissens auf verschiedenen Gebieten liegen nicht zuletzt in kulturellen, ethischen und ethnischen Gegensätzlichkeiten. Diese können weder geleugnet noch ohne weiteres beseitigt werden. Lange Zeit hat man gemeint, mit dem Hinweis auf einen anzustrebenden Weltstaat alle Probleme der Gegenwart beseitigen zu können. Dies ist trotz vielfältiger Bemühungen nicht gelungen und konnte nach der gegenwärtigen Konzeption der Völkerrechtsgemeinschaft auch nicht gelingen. Nicht einmal für den engeren Bereich der europäischen Gemeinschaften kann davon ausgegangen werden, daß etwa eine den Einzelstaat *ersetzende* überstaatliche Organisation entstanden wäre. Es zeigt sich im Gegenteil, daß die einzelnen Mitgliedstaaten nach wie vor an ihrer staatlichen Souveränität festhalten und sie nur zögernd und in beschränktem Umfange in supranationale Organisationen übergehen lassen. Wer daher nach den Beiträgen des Völkerrechts zum Frieden fragt, muß von dieser Grundstruktur der Staatengemeinschaft ausgehen.

Die Zielsetzung des Völkerrechts

Fragt man nach der inhaltlichen Ausrichtung des Völkerrechts, so wird das Thema »Frieden« sogleich in den Mittelpunkt gerückt. Freilich tauchte es in der Geschichte des Völkerrechts nicht immer unter diesem Stichwort auf, sondern es verbarg sich hinter dem rechtlichen Umgang mit dem Gegenpol des Friedens, dem »Krieg«. Die Geschichte des Völkerrechts weist zahlreiche Verknüpfungen mit moraltheologischen Problemstellungen auf, nicht nur in den spezifischen Ausprägungen der spanischen Völkerrechtsschule und dem von ihr gepflegten naturrechtlichen Gedankengut, sondern vor allem in der Frage nach dem Umgang mit dem »Krieg«.

Hugo Grotius (1583–1645) leitete den Abschied von dem Naturrecht dadurch ein, daß er den Willen der Staaten als Rechtsquelle neben dem Naturrecht anerkannte und damit den Akzent auf die Souveränität der Staaten legte. In dieser Entwicklung war zugleich die Abkehr von der Diskussion um den gerechten Krieg eingeschlossen. In der Folgezeit enthielten sich Völkerrecht und die Völkerrechtspraxis zunehmend einer inhaltlichen Bewertung des Krieges und damit auch seiner Ablehnung. Die Zeit vor dem Ersten Weltkrieg wird heute als die Periode des klassischen Völkerrechts bezeichnet. Im Gegensatz zum gegenwärtigen Abschnitt der Völkerrechtsentwicklung erkannte das klassische Völkerrecht den Krieg als besondere Form zwischenstaatlicher Beziehungen an und versuchte, die *Humanisierung des Krieges* durchzusetzen. Der Krieg als Fortsetzung der Politik mit anderen Mitteln war keineswegs geächtet; das Völkerrecht verhielt sich gegenüber der Frage des gerechten oder ungerechten Krieges wertneutral. Bis zum Ende des 19. Jahrhunderts blieb das

Völkerrecht eine vorwiegend oder sogar ausschließlich europäische Rechtsordnung christlicher Staaten. Seit dem Wiener Kongreß (1815) ist von dem »Europäischen Konzert« die Rede, womit das auf Europa begrenzte moderne Staatensystem gekennzeichnet wird. Das Wort vom »Gleichgewicht der Kräfte« ist keine Erfindung des 20. Jahrhunderts, sondern wird schon im 18. Jahrhundert zur Kennzeichnung der politischen Situation verwendet.
Aber trotz des hohen Stellenwertes des staatlichen Souveränitätsanspruchs in der klassischen Periode des Völkerrechtes zeigten sich erste Ansätze, den Krieg nicht nur zu humanisieren, sondern auch ihn in bestimmten Bereichen einzugrenzen. Es kam bereits im 19. Jahrhundert zu internationalen Konferenzen über die zwischenstaatliche Kooperation, nicht aber zu einer umfassenden Ächtung des Krieges. Die Mitglieder der Völkerrechtsgemeinschaft, die souveränen Staaten, begannen, ein dichtes, immer dichter werdendes Netz von Verträgen und Konventionen zu errichten. Nur auf diese eher behutsame Weise konnte das Abrücken von dem vorherrschenden Souveränitätsgedanken eingeleitet werden. Es ist eine Eigenart des Völkerrechts – auch in der Gegenwart –, daß nur im *Konsens* die Lösung von Streitigkeiten gefunden werden konnte. Alle Kooperationsversuche änderten jedoch nichts daran, daß es nach wie vor keine allgemeine völkerrechtliche Pflicht zur Friedenserhaltung gab: *Das Völkerrecht humanisierte den Krieg, verbot ihn jedoch nicht.* Abkommen wurden auf den Gebieten geschlossen, die die staatliche Souveränität am wenigsten beeinträchtigten.

Von der Humanisierung zum Verbot des Krieges

Mit dem Ersten Weltkrieg trat eine tiefgreifende Erschütterung des bisherigen Völkerrechtssystems ein. Die Schrecken des Krieges veranlaßten die Staaten, sich auf eine möglichst effiziente Kriegsverhütung zu besinnen. Äußeres Anzeichen waren die Gründung des Völkerbundes und die Einrichtung eines Ständigen Internationalen Gerichtshofes. Gleichzeitig war die Entwicklung von dem christlich-europäischen Völkerrecht zu einem universellen Völkerrecht bereits in vollem Gange. Nicht nur die Türkei, Japan und die Vereinigten Staaten wurden schon im 19. Jahrhundert in den Kreis der bislang maßgeblichen Mächte aufgenommen, sondern mit Beginn des 20. Jahrhunderts verlagerte sich der Kreis der Völkerrechtsträger auf eine weltweite Ebene. Wesentlicher als der Zug zur Universalität war jedoch die Tendenz, den Einbruch in die bislang so gut wie unangetastete Souveränität der Staaten durchzusetzen. Art. 11 Abs. 1 der Satzung des Völkerbundes (1920) schnitt das Kernstück bisheriger Souveränität aus dem nationalen Verfügungsbereich heraus: die freie Entscheidung über die Eröffnung kriegerischer Auseinandersetzungen. Diese Bestimmung der Völkerbundsatzung verlangte, daß jeder Krieg und jede Bedrohung mit Krieg eine Angelegenheit des ganzen Bundes sein sollte und daß dieser die zum Schutz des Völkerfriedens geeigneten Maßnahmen zu ergreifen hatte. Damit war keineswegs ein generelles Kriegsverbot ausgesprochen, sondern es war lediglich ein bestimmtes Verfahren vorgeschrieben, dessen Verletzung bzw. Umgehung rechtswidrig war. Der entscheidende Schritt zur Ächtung des Krieges wurde mit dem Briand-Kellogg-Pakt vom *27. 8. 1928* getan. In diesem Vertrag, dem zunächst 15 und insgesamt 63 Staaten beitraten, *wurde zum ersten Male der Krieg als Mittel zur Lösung internationaler Streitigkeiten geächtet.* Allerdings bestanden zwei Ausnahmen, nämlich in dem *Recht zur Selbstverteidigung* und in der Pflicht der Völkerbundsmitglieder zu Sanktionen gegenüber dem Aggressor. Vor dem Hintergrund heutiger Auseinandersetzungen um den Friedensbegriff und die Friedenserhaltung ist damit festzustellen, daß *bereits vor dem Zweiten Weltkrieg* ein grundsätzliches rechtliches Kriegsverbot existent war. Diese Veränderung der rechtlichen Ausgangssituation ist lange Zeit verkannt worden, sollte aber in Erinnerung gehalten werden. Denn aus dieser Entwicklung ergibt sich, daß es bereits seit vielen Jahrzehnten nicht mehr zulässig ist, den Krieg als Mittel der Politik rechtlich zu propagieren. Dies gilt auch vor dem Hintergrund des Scheiterns des Völkerbundes in den dreißiger Jahren. Denn die vom Völkerbund eingeschlagene Linie der Kriegsächtung wurde von den Vereinten Nationen nach 1945 fortgeführt. Es ist vielfach unbekannt, daß ihre am 16. Juni 1945 in San Franzisko unterzeichnete Satzung nicht nur ein *generelles Kriegsverbot* enthält, sondern darüber hinaus ein *allgemeines Gewaltverbot.* Neben die Friedenssicherung trat – ebenfalls als neue Zielrichtung beachtenswert – die Forderung der internationalen Zusammenarbeit auf wirtschaftlichem, sozialem, kulturellem und humanitärem Gebiet.

Entgegen einer ebenfalls landläufigen Auffassung hat die Satzung der Vereinten Nationen nicht nur unverbindlichen deklaratorischen Charakter, sondern sie verpflichtet ihre Mitglieder auf Ziele und Inhalt der Satzung. Dazu gehört nicht nur das Gewaltverbot, sondern auch die Voraussetzung, daß überhaupt nur friedliebende Staaten Mitglieder der Vereinten Nationen werden können. Die Satzung der Vereinten Nationen hat aber nicht nur das Kriegsverbot und den Gewaltverzicht zum Gegenstand, sondern sie enthält darüber hinaus Verfahrensweisen, die dazu beitragen, im Falle eines kriegerischen Konfliktes den Krieg zu »entstaatlichen«.

Verteidigung nicht mehr in eigener Regie

Keineswegs ist aber mit dem Kriegsverbot und dem Verbot der Gewaltandrohung das Recht der Staaten verlorengegangen, sich gegenüber einer Aggression zu verteidigen. Die Satzung der Vereinten Nationen spricht im Gegenteil in Art. 51 von dem Recht der Verteidigung gegen eine kriegerische Aggression, legt die Bewältigung des Konfliktes aber in die Hand einer Institution, nämlich des Sicherheitsrates. Die Staaten sind folglich gehalten, Verteidigungsmaßnahmen nicht mehr in eigener Regie, sondern im Rahmen der Vereinten Nationen zu organisieren. Dies ist eine bemerkenswerte Eingrenzung, die zugleich belegt, daß das Gewalt- und Kriegsverbot, das auch über die Charta der Vereinten Nationen hinaus in allgemeiner Weise rechtsverbindlich ist, das Recht der Staaten zur Verteidigung nicht beseitigen will. Dieser Umstand ist deshalb bedeutsam, weil auch unter den technischen Möglichkeiten moderner Kriegführung die Frage nach dem Sinn der Gewaltanwendung nicht überflüssig geworden ist. Gerade die Staaten, die ihrerseits Gewalt anwenden, bemühen sich um eine rechtliche Begründung, um einen »Rechtstitel«. Gewaltanwendung zur Verteidigung gegen einen Aggressor bleibt nach wie vor im Bereich des Rechtmäßigen, und es ist keineswegs zutreffend, daß etwa die technischen Möglichkeiten moderner Kriege die Frage nach der Rechtmäßigkeit der Verteidigung überflüssig gemacht hätten.

Damit ergibt sich eine unbefriedigende Situation, denn auch die Vereinten Nationen haben es nicht vermocht, kriegerische Potentiale zu dezimieren; sie müssen sich darauf beschränken, kriegerische Auseinandersetzungen einzugrenzen und Mittel und Wege der kriegsfreien Verständigung zu schaffen. Ein anderer Gesichtspunkt tritt daneben hervor. Das moderne Völkerrecht hat, auch außerhalb des Rechtes der Vereinten Nationen, *nicht auf inhaltliche Kriterien* verzichtet, also auch nicht auf die Kriterien des »Gut« oder »Böse«, des »Richtig« oder »Falsch«. Es spricht in manchen Bereichen, wie z. B. in der Frage des Selbstbestimmungsrechtes der Völker, einzelnen Nationen bestimmte Rechte zu und geht davon aus, daß der zwischenstaatliche Kontakt durchaus auf gegensätzlichen Ausgangspositionen beruhen kann. Kriegsverbot und Kriegsächtung bewirken nicht den Verzicht auf die Durchsetzung eigener politischer Interessen auf dem Wege der Diplomatie. Unterentwickelt ist die Möglichkeit geblieben, durch direkte Intervention der Vereinten Nationen Kriege mit eigenen Mitteln unter Kontrolle zu halten bzw. zu beseitigen. Auch die Vereinten Nationen haben an dem Grundkonzept der Souveränität der einzelnen Staaten nichts geändert. Die Satzung der Vereinten Nationen sieht im Gegenteil vor, daß eine Einmischung in die inneren Angelegenheiten eines Staates nicht rechtmäßig wäre. Auch hier zeigt sich, daß die Möglichkeiten und die rechtlichen Ausgangssituationen der Vereinten Nationen nur in beschränkter Weise unmittelbar effektiv werden können.

Neue Abkommen des Gewaltverzichts sind überflüssig

Damit sind folgende Gesichtspunkte kennzeichnend für die gegenwärtige Situation: *Es besteht spätestens seit 1945 ein generelles Kriegsverbot und eine generelle Friedenserhaltungspflicht im zwischenstaatlichen Verkehr.* Soweit das Recht zur Selbstverteidigung eingeräumt wird, darf es nur begrenzt im einzelstaatlichen Rahmen ausgeübt werden. Nicht untersagt ist das Verfolgen eigener politischer Interessen mit friedlichen Mitteln; das bedeutet auch, daß die politische Kontroverse rechtlich gesehen zum Alltag gehören darf und das Bild des Alltags prägt. Für die gegenwärtige Kontroverse um Auf- oder Abrüstung folgt daraus, daß die Versuche, zu einer Rüstungsbegrenzung zu gelangen, sich ganz auf der Linie des Völkerrechts bewegen, daß die völkerrechtliche Friedenserhaltungspflicht aber keineswegs die politische Kontroverse selbst ächtet. Das mag man bedauern, doch lassen sich in der Gegenwart nur auf diese relativ elastische Weise weltumspannende gemeinsame Aktionen wirksam durchsetzen. Solange die Völkerrechtsordnung von dem einzelnen Staat als dem zentralen Träger von Rechten und Pflichten ausgehen, wird sich an dieser Ausgangsposition nur wenig ändern lassen. Damit wird aber auch deutlich, daß das gegenwärtige Völkerrecht in seinem zentralen Anliegen die Friedenserhaltung und Friedenssicherung als verbindliche Zielsetzung unterstreicht. Eine weitere Folgerung besteht darin, daß es vollauf genügen würde, wenn sich die Akteure des Weltgeschehens ihrer rechtlichen Verpflichtungen aus der Charta der Vereinten Nationen entsinnen würden. Dann nämlich wäre es überflüssig, stets neue Gewaltverzichtsabkommen abzuschließen in der unausgesprochenen Annahme, der Vertragspartner sei selbst ein Anhänger der Gewalt. Die Gewaltverzichtsverträge, die im Warschauer und Moskauer Vertrag der frühen 70er Jahre enthalten sind, wiederholen daher an sich nur Selbstverständliches und dienen allenfalls der Klarstellung.

Frieden ist mehr als Nicht-Krieg

Ein weiteres Problem taucht bei der Frage nach dem *Begriff des Friedens* auf. Lange Zeit war es selbstverständlich, daß Frieden als »Freiheit von Krieg« definiert wurde und daß die Vermeidung von Kriegen das Endziel der Friedensbemühungen sein sollte. Nicht nur die Charta der Vereinten Nationen, sondern auch das allgemeine Völkerrecht zeigen in neuerer Zeit eine Tendenz, diesen vom Krieg her geprägten Friedensbegriff auszuweiten und nach den *Inhalten des Friedens* und nach den Voraussetzungen eines friedlichen Lebens aller Staaten und aller Völker zu fragen. Es zeigt sich zunehmend die Tendenz, auf kulturellem und wirtschaftlichem Gebiet die Grundvoraussetzungen menschlichen Daseins rechtlich zu bestimmen und soweit als möglich zu einem Rechtsgebot umzuformulieren. Die Frage ist nicht mehr allein zu stellen, unter welchen Voraussetzungen Krieg verhindert oder humanisiert werden kann, sondern unter welchen Voraussetzungen ein menschenwürdiges Leben auch des einzelnen herbeigeführt werden könnte. In den vergangenen Jahren zeigte sich zunehmend die Tendenz, in allen Erdteilen und vielen Regionen den Menschenrechtsschutz auch durch den ohnehin schon durchlässigen Panzer der staatlichen Souveränität hindurch zu verwirklichen. Im Rahmen der Einsetzung von Menschenrechtskommissionen und Gerichtshöfen zur Verfolgung von Menschenrechtsverstößen zeigt sich das organisatorische Ziel, die Lebensqualität des einzelnen zu verbessern. Die Probleme einer neuen Weltwirtschaftsordnung weisen darüber hinaus auf die Tendenz, den wirtschaftlichen Zustand in einzelnen, vor allem armen Ländern zu verbessern und auch auf diese Weise ein mögliches Aggressionspotential von vornherein abzuschwächen. Der Friedensbegriff enthält daher in der Gegenwart eine Ausdehnung in sozialer, kultureller und wirtschaftlicher Richtung.

Die Beiträge des Völkerrechts zum Frieden sind nicht nur an dem zu messen, was an organisatorischen Vorhaben geplant oder durchgesetzt ist. Die Beiträge des Völkerrechts zum Frieden zeigen sich in sehr vielen unscheinbaren Bereichen, etwa in der Regelung des Verkehrs zwischen den Staaten, wie z. B. im Gesandtschaftsrecht oder auch im Völkervertragsrecht. Diese und andere Bereiche sind inzwischen in umfangreiche, weltweit anerkannte und praktizierte Kodifikationen gefaßt worden. In dem Maße, in dem verbindlich für alle Staaten festgelegt wird, auf welche Weise sie Übereinkommen abschließen können, wird die Möglichkeit des unkontrollierten Bruches von Vereinbarungen eingeschränkt. Auch die gegensätzlichen ideologischen Grundhaltungen der großen Mächte haben nichts daran geändert, daß die Grundregeln des Kontakts zwischen den Staaten beachtet und vorausgesetzt werden. Dies ist bedeutsam: In dem Maße, in dem regional oder universell Rechtssätze geschaffen und bestimmte Gebräuche oder Gepflogenheiten rechtlich abgesichert werden, wird der friedliche Umgang zwischen den Staaten gestärkt und in einen verläßlichen Rahmen gestellt.

Die Beiträge des Völkerrechts zum Völkerfrieden

Aus dieser Sicht ist auch die Frage zu beantworten, unter welchen Voraussetzungen die Beiträge des Völkerrechts friedenswirksam werden. Es wäre mehr als eine nur verkürzende Sicht der Friedens-

problematik, wollte man ihre Dimension eingrenzen durch Begriffe, die aus dem Potential der Friedensbedrohung, insbesondere des Rüstungswettlaufs, stammen. Die Friedenserhaltung setzt ein mit den Möglichkeiten des friedlichen Umgangs der Staaten untereinander. Dazu kommen die Mechanismen und Regeln der Krisenverhinderung, etwa durch die Errichtung eines universellen oder regionalen Sicherheitssystems. Die Organisation der Vereinten Nationen und ihre Unterorganisationen tragen seit vielen Jahren dazu bei, gegensätzlichen politischen Richtungen ein Gesprächs- und Diskussionsforum zu bieten. Man mag der Kritik der häufig nur verbalen Friedfertigkeit der Staaten im Rahmen der Vereinten Nationen zustimmen. Dies ändert nichts an der Tatsache, daß allein die Existenz einer weltweit konzipierten internationalen Organisation friedenssichernd wirken kann durch die Möglichkeiten eines vorab oder am Rande zu führenden Gesprächs. Die Vereinten Nationen sind darüber hinaus eine wenn auch in bestimmten Bereichen vielfach zu kritisierende, aber dennoch vorhandene Einrichtung, um gegensätzliche politische Kulturen in einen näheren Kontakt zu bringen. Daß ideologische Ausrichtungen diese Annäherung der Staaten und Völker untereinander eher verhindern als fördern, steht auf einem anderen Blatt.
Betrachtet man schließlich die Möglichkeiten der Friedenserhaltung durch Abrüstung, so ist festzustellen, daß es auf diesem Gebiete seit Jahrzehnten zahlreiche Initiativen gegeben hat, die jedoch in umfassender Weise kaum wirksam werden konnten. Die Gründe liegen nicht in einem Versagen des Völkerrechts, sondern in den wirksam bleibenden Gegensätzlichkeiten der politischen Grundanschauungen. *Das Völkerrecht selbst kann nur den Rahmen und die Zielrichtung friedensorientierten Staatenverhaltens liefern, nicht jedoch den politischen Willen der einzelnen Staaten in eine bestimmte Richtung zwingen. Aber indem es ein Instrumentarium des Kontaktes zur Verfügung stellt, trägt es in Teilbereichen dazu bei, nicht nur Abrüstungskonferenzen zu ermöglichen, sondern es stellt auch einen Katalog von Instrumenten zur Verfügung, die die Verbindlichkeit des im Gespräch Festgelegten erhalten können.* Die Voraussetzungen, unter denen die Beiträge des Völkerrechts zum Frieden wirksam werden können, liegen auch in den Bereichen der allgemeinen politischen Beziehungen, und es ist ein Grundanliegen des Völkerrechts, Gegensätzlichkeiten soweit als möglich abzubauen.
Nicht hingegen verlangt das Völkerrecht, daß der Verzicht auf eine

eigene Bewaffnung des Staates die Grundvoraussetzung der zwischenstaatlichen Beziehungen darstellen müßte. Denn es ist realistisch genug, um das vermeintliche »Recht des Stärkeren« von vornherein einzukalkulieren und einzugrenzen. Es kann daher auch nicht, um den Frieden zwischen den Staaten zu wahren, eine einseitige Abrüstungspflicht des »Schwächeren« propagieren, sondern es muß im Gegenteil die Voraussetzungen ermöglichen, ein politisches Gleichgewicht auch im Sinne der Selbstverteidigung zu ermöglichen. Es trifft auch nicht zu, daß das Völkerrecht sich den Kriterien für »Gerechtigkeit« entziehe und nur in formaler Weise Handlungsanweisungen gebe. Die traditionelle Verknüpfung rechtlicher mit moralischen und ethischen Grundfragen sorgt vielmehr dafür, daß Bereiche wie »Selbstbestimmung« oder »Verteidigung« eine eigenständige Komponente darstellen. Völkerrecht ist daher in seinem Grundanliegen auch darauf gerichtet, ungerechte Situationen zu verändern. Nicht hingegen ist das Völkerrecht ein Instrument, den Status quo des scheinbar friedliebenden Stärkeren zu erhalten. Aussichtslos erscheint jeder Versuch, Friedenssicherung nur auf dem Wege der Eingrenzung von Kriegspotentialen zu suchen, nicht hingegen die instrumentalen Möglichkeiten zu berücksichtigen, die die geltende Völkerrechtsordnung zur Verfügung stellt. Zu den Voraussetzungen der Friedenswirkung des Völkerrechts zählt insgesamt auch, daß sich die handelnden Akteure an den Zielen des Völkerrechts orientieren und nicht lediglich die Kriegsfurcht für den Augenblick dezimieren.

4. Unsere Beiträge zum Völkerfrieden

von Eberhard Stammler, Stuttgart

(Die folgende, von Eberhard Stammler verfaßte »Erklärung« hat sich der »Arbeitskreis SICHERUNG DES FRIEDENS« im Januar einstimmig zu eigen gemacht.)

1. Unabsehbare Gefahren für die menschliche Existenz, vor allem die Gefahr einer atomaren Katastrophe, lösen bei vielen Men-

schen zunehmende Angst aus. Diese Angst, die sich auch in den verschiedenen »Friedensbewegungen« ausdrückt, kann das Bewußtsein für kommende Bedrohungen schärfen, sie kann aber auch rationale Überlegungen blockieren. Wir halten es für bedenklich, wenn diese Angst bewußt geschürt und für politische Zwecke mißbraucht wird.

2. Die Sicherheit unseres Staates beruht auf der festen Einbindung in das atlantische Bündnis. Die daraus erwachsende Mitverantwortung berechtigt uns auch dazu, unsere Bedenken gegen besorgniserregende Tendenzen bei unseren Verbündeten gelten zu machen. Wir halten es aber für bedenklich, wenn der Eindruck erweckt wird, als ob der Frieden durch das westliche Bündnis und vor allem durch die Amerikaner bedroht werde, und wenn demgegenüber die schon seit Jahren in Gang befindlichen massiven Rüstungsanstrengungen der Sowjetunion verharmlost oder gar entschuldigt werden.
3. Wir bejahen alle Bemühungen, die Politik der Entspannung weiterzuführen und dabei von einem gegenseitigen Sicherheitsinteresse mit dem Osten auszugehen, um dadurch das Konfliktrisiko zu mildern. Darum erwarten wir auch, daß die Abrüstungsverhandlungen von beiden Seiten ernsthaft betrieben und zu einem greifbaren Ergebnis geführt werden. Wir halten es allerdings für bedenklich, wenn dabei eine der beiden Seiten nicht ein annäherndes Gleichgewicht, sondern eine einseitige Überlegenheit anstrebt.
4. Ein dauerhafter Frieden zwischen Staaten kann nicht einseitig durchgesetzt werden. Er beruht immer auf einer beiderseitigen gleichberechtigten Bereitschaft. Deshalb setzt er Verhandlungsprozesse voraus, die nach dem Prinzip von Leistung und Gegenleistung zu verbindlichen und beiderseits befriedigenden Vereinbarungen führen. Wir halten es für bedenklich, wenn etwa durch die »Friedensbewegungen« die Verhandlungsposition des Westens dadurch erheblich geschwächt würde, daß sie einen einseitigen Rüstungsverzicht anstreben und die Bereitschaft zur Verteidigung in Frage stellen.
5. Um die gegenwärtigen Spannungen zu entschärfen und den Frieden sicherer zu machen, bedarf es beiderseitiger Bemühungen, die Bedrohungsängste abzubauen und ihnen durch vertrauens-

bildende Maßnahmen entgegenzuwirken. Wir halten es jedoch für bedenklich, wenn gravierende Abrüstungsmaßnahmen als einseitige Vorleistung des Westens gefordert werden und dabei vorausgesetzt wird, daß die andere Seite darauf in gleicher Weise antworte, zumal dies durch die bisherigen Erfahrungen widerlegt wird.

6. Die von den »Friedensbewegungen« ausgelöste Diskussion konzentriert sich fast durchweg auf die Gefahr eines unmittelbar bevorstehenden Atomkriegs, und sie befaßt sich vorwiegend mit militärstrategischen Szenarien. Wir halten es jedoch für bedenklich, wenn dadurch die wichtigeren politischen Faktoren ausgeklammert werden. Dabei ist zu bedenken, daß eine gravierende militärische Überlegenheit des Ostens nach allen bisherigen geschichtlichen Erfahrungen die Bundesrepublik der politischen Erpressung ausliefern könnte.
7. Der Frieden, den Gott durch die Botschaft Jesu den Menschen anbietet und verheißt, verpflichtet uns Christen in besonderer Weise, uns für den Frieden in der Welt zu engagieren. Wir beobachten jedoch einige Entwicklungen in christlichen Kreisen mit Sorge und Bedenken: daß sich viele von der Angst fixieren lassen, daß christliche Friedensutopien Verheißungen der Endzeit vorwegnehmen und dadurch die geschichtliche Wirklichkeit in einer noch unerlösten Welt verleugnet wird.
8. Wenn Christen sich für die Sicherung des Friedens engagieren, haben sie sich an den Aussagen des Evangeliums zu orientieren. Wir halten es jedoch für besonders bedenklich, welche Folgerungen daraus das Moderamen des Reformierten Bundes gezogen hat. Wenn die Erklärung nicht nur den Einsatz, sondern schon den Besitz von Atomwaffen verurteilt, mutet sie dem Westen das Risiko zu, sich der atomaren Bedrohung durch den Osten preiszugeben, und übersieht, daß gerade dadurch die Konfliktsituation verschärft und die Kriegsgefahr akuter werden könnte. Sofern sie diese Thesen als verbindliche Aussagen des Glaubens versteht und sie zur Bekenntnisfrage erhebt, setzt sie ihre Vorstellungen in einer Weise absolut, daß dadurch der Mehrheit der andersdenkenden Christen der Glaube abgesprochen wird.
9. Für die politischen Bemühungen um den Frieden kann es kein eindeutiges christliches Programm geben. Sie müssen vielmehr

als Aufgabe einer Politik verstanden werden, die sich auf die geschichtlichen Realitäten mit ihren Machtkonflikten bezieht und durch verantwortliches Handeln Gefahren zu mindern und wirksame Konfliktlösungen zu gewinnen sucht. Wir halten es für bedenklich, wenn Aussagen des Evangeliums, die für die christliche Gemeinde bestimmt sind und auf dem Wagnis des Glaubens beruhen, kurzschlüssig als Gebote auf einen säkularen Staat übertragen werden und wenn der Eindruck erweckt wird, als ob der Krieg schon dadurch zu verhindern sei, daß man ihn im Namen des Glaubens verurteilt.

10. Der Frieden des Reiches Gottes, der uns zugesagt hat, begründet unsere Hoffnungen auf Chancen des Friedens in dieser Welt, aber er ist damit nicht identisch. Darum werden in unserer geschichtlichen Situation immer nur vorläufige Lösungen für den Frieden möglich sein. Den Christen erwächst daraus die besondere Aufgabe, jede Bemühung um Verständigung und Versöhnung zu unterstützen und dabei immer auch die Interessen und Ängste der anderen Seite ernst zu nehmen. Wir halten es für bedenklich, wenn statt dessen auch in der Kirche Konfrontationen entstehen, die zu unversöhnlichen Gegensätzen führen, und wenn es unter Christen nur unzureichend gelingt, Konflikte so auszutragen, daß der Frieden in der Kirche erhalten bleibt.